AF743156

POLITIQUE AMÉRICAINE

Maquette réalisée par ATA AYATI
Secrétariat de rédaction : MARION DOUZOU

Revue publiée en partenariat avec l'Institut des Amériques et avec le soutien du German Marshall Fund

5-7, rue de l'École Polytechnique ; 75005 Paris
http://www.editions-harmattan.fr
ISBN : 978-2-343-18453-1
EAN : 9782343184531

Sommaire

Dossier dirigé par
Jean-Loup Samaan

Éditorial

Alexandra de Hoop Scheffer
et François Vergniolle de Chantal*

Avec la chute du Mur de Berlin il y a trente ans, la diplomatie américaine était confrontée à une situation d'ampleur historique totalement imprévue, qui appelait une redéfinition complète de ses pratiques et de ses cadres d'analyse. Le président George H.W. Bush appelait ainsi de ses vœux un « nouvel ordre mondial » dans un discours de septembre 1990, mais fut très vite rattrapé par les évènements : avec la disparition de la menace soviétique et la multiplication des dangers (prolifération nucléaire, terrorisme, changement climatique), l'administration Bush fut incapable de donner un contenu à ce nouvel ordre et fit au mieux pour parer aux crises les plus immédiates. Dans le même temps, les experts de politique étrangère à Washington et ailleurs dans le pays tentaient d'appréhender ce « moment unipolaire », comme l'avait analysé un éditorialiste conservateur du *Washington Post*, Charles Krauthammer [1].

La réflexion, qu'elle soit philosophique, militaire ou diplomatique, n'a bien entendu jamais cessé et l'objectif de ce dossier, coordonné par **Jean-Loup Samaan**, professeur associé en études stratégiques du Collège de défense national des Émirats Arabes Unis, est de faire un état des lieux du débat stratégique américain pour offrir un regard critique sur les grandes évolutions de la stratégie militaire américaine. Cette analyse du « débat stratégique », entendu comme la somme des réflexions sur les usages américains de la force armée à des fins politiques, émanant à la fois des productions académiques (ouvrages, revues spécialisées) et de la littérature « grise » (rapports gouvernementaux, travaux de *think tanks*), cherche d'abord à faire évoluer le regard sur l'armée américaine. Souvent réduite à un simple exécutant de la Maison-Blanche, l'armée américaine, et plus généralement le Département de la Défense, joue en effet un

* Alexandra de Hoop Scheffer est directrice du bureau parisien du *German Marshall Fund of the United States* et François Vergniolle de Chantal est professeur à l'Université de Paris.

1 Charles Krauthammer, « The Unipolar Moment », *Foreign Affairs*, vol.69, n° 5, hiver 1990-91, p.23-33. Pour plus de détails, voir Bruno Colson, « L'Amérique et le monde de l'après-guerre froide : le débat conceptuel », p.11-35 in *La stratégie américaine et l'Europe*, Bruno Colson, dir., Paris, Economica, 1997.

rôle central dans la formulation de la politique étrangère américaine. Or si les travaux francophones en histoire contemporaine et science politique consacrés à la diplomatie des États-Unis constituent aujourd'hui un corpus important, peu se sont tournés vers la politique de défense de Washington. Il s'agit ici donc de combler ce manque de la production universitaire en mettant en lumière, non seulement les grandes orientations de la politique de défense américaine, mais les problématiques qui l'animent aujourd'hui. En ce sens, existe-t-il encore une pensée stratégique américaine singulière ? Dans quelle mesure les conflits de la décennie écoulée marquent-ils durablement l'*American way of war* ? Huit ans après le discours de Barack Obama sur un monde sans armes nucléaires, la doctrine de dissuasion américaine a-t-elle connu des inflexions majeures ? Alors que des tensions transatlantiques resurgissent depuis la prise de fonction de Donald Trump, qu'en est-il du rôle conféré par Washington à l'OTAN ? Enfin, à l'aune du « pivot » asiatique annoncé par l'administration Obama, comment les stratèges américains pensent-ils aujourd'hui l'Asie ? C'est à cet ensemble de questions que ce numéro entend répondre.

Maya Kandel, chercheuse associée à l'Université Paris 3 interroge d'abord la relation transatlantique, maintenant que l'OTAN a été qualifiée d'« obsolète » par Donald Trump lors de la campagne de 2016. La question qui se pose aujourd'hui concerne toujours les mêmes deux obstacles existentiels à l'OTAN, réticence américaine à demeurer dans une alliance contraignante (du fait de l'Article 5) et divisions européennes. Or ces deux obstacles, loin de se résorber, ne cessent de se renforcer l'un et l'autre depuis la fin de la guerre froide, malgré quelques périodes de rémission. La crise actuelle est particulièrement grave justement parce que le président américain est le principal moteur de leur renforcement, à la fois par ses doutes exprimés et ses attaques contre l'OTAN, mais aussi par ses propos contre l'UE et ses membres. Surtout, le danger est renforcé parce que l'OTAN et l'UE traversent toutes deux des crises simultanées. C'est ensuite **Hugo Meijer**, chargé de recherche au Centre d'Études des Relations Internationales (CERI) de Sciences-Po, qui questionne l'autre relation fondamentale pour l'Amérique, celle avec l'Asie-Pacifique. Il cherche à mettre en évidence les principales lignes de continuité et de rupture entre les politiques de défense des administrations Obama et Trump dans cette région et, en particulier, vis-à-vis de la montée en puissance de la Chine. À partir d'un large éventail de sources primaires, y compris soixante-quinze entretiens semi-directifs menés avec de hauts responsables américains, l'auteur conclut sur une certaine continuité. Au-delà des slogans électoraux et des aléas de la « diplomatie de *twitter* », la politique de défense de l'administration Trump en Asie-Pacifique s'inscrit dans une évolution cumulative de long terme plus que dans une discontinuité radicale.

Une conclusion qui s'inscrit parfaitement dans le propos de **Corentin Brustlein**, directeur du centre des études de sécurité de l'Ifri (Institut Français des Relations Internationales), à propos de la dissuasion nucléaire américaine. L'auteur rappelle comment, après s'être initialement distinguée par un discours ambitieux dans le domaine du désarmement nucléaire, l'administration Obama avait durci sa posture à partir de 2014 et initié une modernisation de l'arsenal, en réponse à l'aggravation des tensions avec la Russie, la Chine et la Corée du Nord. Une perspective largement reprise par le nouveau président. Comme le montre la *Nuclear Posture Review* de 2018 adoptée par l'administration Trump, c'est la continuité qui caractérise ce texte, même s'il prépare par ailleurs une ère de compétition stratégique entre grandes puissances. Réaffirmant la place de l'arme nucléaire dans la stratégie américaine, ces orientations doctrinales renouent en outre avec une conception voyant dans la supériorité militaire le principal moyen d'assurer la sécurité des États-Unis. **Elie Tennenbaum**, lui aussi chercheur à l'Ifri, se penche de son côté sur les nouvelles formes de guerres irrégulières qui hantent les États-Unis depuis les attentats du 11 septembre 2001. Si l'arrivée de Barak Obama devait annoncer un certain reflux de l'interventionnisme et de la contre-insurrection, marqué par la volonté de se désengager d'Irak, puis d'Afghanistan et de renforcer les partenaires locaux, plus à même de peser sur ces conflits complexes, les Printemps arabes, le renouveau djihadiste et les stratégies « hybrides » par la Russie, la Chine et l'Iran ont mis à mal cette tentative. Face à cet imbroglio, la nouvelle administration Trump tempête et hésite, balançant entre une rhétorique de désengagement et une pratique de redoublement des efforts.

Enfin, **Olivier Zajec**, maître de conférences à Lyon 3, prend un peu de recul historique et s'interroge plus globalement sur la culture stratégique américaine. La culture stratégique des États-Unis, marquée par Antoine de Jomini [2] plus que par tout autre théoricien, les a amené à développer une vision spécifique des « principes de la guerre », révélatrice de leur approche singulière des opérations et de l'emploi de la force dans les relations internationales. En décembre 1921, dans le règlement TR 10-5, les Américains adoptent une première liste officielle de neuf principes : Objectif, Économie des forces, Offensive, Manœuvre, Unité de commandement, Sûreté, Masse, Surprise et Simplicité. Cette adoption se fait

2 Antoine Henri de Jomini (1779-1869), était un historien et stratège militaire suisse. Son *Précis de l'art de la guerre* (1838), en particulier, fut considéré au XIXe siècle comme le guide le plus méthodique et le plus complet sur les mécanismes des opérations militaires.

avec enthousiasme, sans doute parce qu'une telle liste normée correspond bien à une gestion scientifique – un *management* – de l'action de force. Par la suite, cette approche sera critiquée, interrogée et remise en perspective tant par les stratégistes civils les plus influents que par les officiers américains. Pourtant, en un siècle, la liste ne sera paradoxalement jamais modifiée. En revenant sur ces débats, de 1918 à nos jours, cet article propose une relecture de ce paradoxe, en se penchant sur la culture stratégique propre à l'appareil militaire des États-Unis, et un héritage avec lequel l'armée américaine se prépare à affronter les défis opérationnels d'un XXIe siècle incertain.

☑

Introduction : Le débat stratégique américain à l'épreuve de la présidence Trump

Jean-Loup Samaan*

Au printemps 2016, alors que Donald Trump obtient la nomination du Parti républicain pour en devenir le candidat à l'élection présidentielle de novembre, les cercles de réflexion de Washington sont stupéfaits. Une centaine d'anciens conseillers des administrations républicaines (de la présidence Nixon jusqu'à celle de George W. Bush) rédigent alors une lettre publique sans précédent pour dénoncer la candidature Trump : « Aucun de nous ne votera pour Donald Trump. Sur le plan de la politique étrangère, Donald Trump n'est pas qualifié pour être président et commandant en chef. Nous sommes convaincus qu'il serait un Président dangereux et qu'il mettrait en danger la sécurité et le bien-être de notre pays »[1]. La victoire de Trump quelques mois plus tard, loin de conduire à un apaisement des relations entre le nouveau président et le *foreign policy establishment* américain, exacerbe au contraire les tensions : non seulement le nouveau locataire de la Maison-Blanche s'oppose systématiquement au recrutement de tout conseiller qui aurait été signataire des pétitions contre lui durant la campagne mais son mandat présidentiel est jalonné par une volonté de remise en cause en profondeur de la politique étrangère américaine : retrait de l'accord climatique de Paris et du traité sur les forces nucléaires à portée intermédiaire, mise en doute de la clause de solidarité régissant le fonctionnement de l'OTAN, escalade verbale avec la Corée du nord offrant le spectacle d'un chef d'État menaçant un autre de l'emploi de l'arme nucléaire *via* un message de moins de 140 caractères sur le réseau social *Twitter* ; autant d'épisodes qui alimentent les commentaires sur le caractère « révolutionnaire » de la présidence Trump.

....

* Professeur associé en études stratégiques, Collège de défense national des Émirats Arabes Unis.

1 « A Letter From GOP National Security Officials Opposing Donald Trump », *New York Times*, 8 août 2016.

En France, la présidence Trump déclenche les passions et on peut à certains égards observer une symétrie inversée avec l'arrivée en 2008 de Barack Obama qui avait été suivie d'un vaste engouement qui mit plusieurs années à se dissiper. Comment dans ce contexte faire un état des lieux du débat stratégique américain qui puisse restituer les orientations politico-militaires de l'administration Trump dans le temps long et ce sans succomber aux passions médiatiques ? C'est cette question qui est à l'origine de ce dossier de *Politique Américaine*.

Il s'agit ainsi de se déprendre de multiples postures qui aujourd'hui biaisent notre jugement sur Trump et son administration. Le premier écueil à éviter est l'hypothèse d'une politique irrationnelle : rarement un leader politique occidental n'aura été autant remis en cause dans ses capacités cognitives, ses décisions en venant à être décrites comme les conséquences de supposés troubles psychologiques[2]. Ainsi lorsqu'à l'été 2017, Trump affirme que si la Corée du nord s'obstine dans l'acquisition de l'arme nucléaire, elle fera face au « feu et à la fureur » (*fire and fury*), le propos choque et suscite les interrogations sur le tempérament et la stabilité mentale du président. Pourtant, Bill Clinton avait déjà en 1993 affirmé, dans un ton certes plus feutré, que si la Corée du nord développait une bombe atomique, « cela signifierait la fin du pays tel qu'ils le connaissent »[3]. En pleine campagne pour les primaires démocrates en 2008, Hillary Clinton avait pour sa part été interrogée sur l'hypothèse d'une frappe nucléaire iranienne sur Israël et répondu sans ambages que « les États-Unis anéantiraient (*would obliterate*) l'Iran »[4]. Quand bien même la logique de Trump – celle de la dissuasion nucléaire – n'est pas inédite en substance, l'outrance avec laquelle le chef d'État américain met en scène ses menaces met dans l'embarras.

Cette hypothèse assez répandue de l'irrationalité du président des États-Unis conduit par extension à nier la possibilité d'une stratégie conduite par l'administration. Elle dépeint alors une politique américaine qui ne balancerait dans un sens ou dans un autre qu'au gré des humeurs de Donald Trump. Cette vision, séduisante pour les amateurs de drames shakespeariens, est en réalité toute aussi outrancière que Trump lui-même. Avec le recul que permet la recherche académique, l'observation de la politique de défense de Trump et sa mise en comparaison avec celles de ses prédécesseurs offre un tableau plus complexe et plus nuancé, donnant à voir des continuités là où la rhétorique politique suggèrerait de grandes ruptures.

....

2 Entre autres publications, cf. Bandy Lee, dir., *The Dangerous Case of Donald Trump: 27 Psychiatrists and Mental Health Experts Assess a President*, New York, Thomas Dunne, 2017.

3 New York Times & Associated Press, « Clinton's Warning Irks North Korea », *New York Times*, 13 juillet 1993.

4 David Morgan, « Clinton says U.S. could 'totally obliterate' Iran », *Reuters*, 22 avril 2008.

Plus qu'un simple point de situation sur ce qu'est la politique de défense américaine sous Donald Trump, ce dossier entend proposer une évaluation de celle-ci – forcément provisoire – à l'aune de l'histoire militaire des États-Unis. Pour ce faire, il est entendu ici que la politique de défense recouvre la diplomatie militaire – les accords bilatéraux et multilatéraux qui lient Washington à ses alliés en Europe, au Moyen-Orient ou encore en Asie – ainsi que les doctrines et les orientations opérationnelles des forces armées – sur la contre-insurrection comme sur l'emploi des armes nucléaires. De cet examen de la politique de défense sous Trump, il ressort plusieurs pistes de réflexion.

Quelle « *grand strategy* » de Donald Trump ?

La « *grand strategy* » peut être comprise, selon la définition de Barry Posen, comme « un processus politico-militaire, entre la fin et les moyens, une théorie de chaque État sur ce qui pourrait lui permettre d'assurer sa propre sécurité »[5]. Chaque président américain dans l'exercice de ces fonctions fait l'objet de débats enflammés entre les *defense intellectuals* de Washington sur la cohérence de sa supposée *grand strategy*. Les huit années de la présidence Obama ont vu les experts s'affronter sur la définition d'une « doctrine Obama », ses défenseurs démocrates le présentant comme un réaliste tandis que ses détracteurs républicains le désignèrent comme un nouveau Jimmy Carter[6]. Qu'en est-il de Donald Trump ? Durant la campagne électorale, Micah Zenko et Rebecca Friedman Lissner affirmaient déjà de manière catégorique dans *Foreign Policy* que « Trump n'a pas de *grand strategy* »[7]. Au lendemain de l'élection, Jeremy Shapiro de l'European Council on Foreign Relations suggérait qu'« écrire sur la politique étrangère de Trump nécessitaient des exploits héroïques en termes de spéculation et de supposition »[8]. De nombreux éléments pourraient effectivement remettre en cause l'idée même d'imaginer une *grand strategy* de Trump qui serait mise en œuvre par l'appareil de défense américain. Nous l'avons signalé plus haut, l'hypothèse de l'irrationalité tendrait à nier toute stratégie. Un autre argument a trait à l'opportunisme électoral du président, qui prendrait ainsi ses décisions

5 Barry Posen, *Sources of Military Doctrine: France, Britain, and Germany between the World Wars*, Ithaca, Cornell University Press, 1984, p.13.

6 Michael Clarke et Anthony Ricketts, « Did Obama have a grand strategy? », *Journal of Strategic Studies*, vol.40, n °1-2, février 2017, pp.295-324; Daniel Drezner, « Does Obama have a grand strategy? » *Foreign Affairs*, vol.90, n° 4, juillet-août 2011 ; Jeffrey Goldberg, « The Obama Doctrine », *The Atlantic*, avril 2016.

7 Micah Zenko, Rebecca Friedman Lissner, « Trump is going to regret no having a grand strategy », *Foreign Policy*, 13 janvier 2017.

8 Jeremy Shapiro, « What Europe should do about a problem like Trump », European Council on Foreign Relations, 10 novembre 2016.

en se focalisant uniquement sur l'objectif de sa réélection. Ici aussi, c'est moins la substance que le style de Trump qui s'avère problématique : si ce dernier ne s'embarrasse pas d'un discours rassembleur et maintient une posture de candidat politique dans l'exercice de ses fonctions, chacun de ses prédécesseurs intégrait également le calendrier électoral dans ses choix de politique étrangère, si bien qu'il serait illusoire de voir dans l'électoralisme permanent de Trump un phénomène unique.

En réalité, il existe à de multiples égards des éléments de continuité entre la conception de la politique étrangère américaine selon Donald Trump et Barack Obama qui avaient été soulignés dès le lendemain de l'élection surprise de 2016[9]. Comme le montrent dans ce dossier les contributions de Maya Kandel et Hugo Meijer dédiées respectivement à la relation transatlantique et à la politique américaine vis-à-vis de la Chine, Trump s'inscrit dans la lignée d'Obama en ce qui concerne des problématiques telles que le partage du fardeau avec les alliés européens ou le redéploiement des forces américaines en Asie afin de faire face à la montée en puissance de Pékin. Dans un article de *The Atlantic*, Kori Schake, directrice adjointe de l'International Institute for Strategic Studies, souligne également que Trump et Obama « veulent tous deux employer l'outil de défense américain librement et avec modération. Aucun n'est à l'aise avec l'idée de prolonger un soutien à des gouvernements embryonnaires et à leurs capacités de défense ». Schake souligne toutefois que contrairement à son prédécesseur, Trump se montrerait plus radical dans son réalisme et son pragmatisme, notamment au Moyen-Orient où il ne s'embarrasserait plus de la rhétorique des droits de l'homme et de la démocratie qui imprégnait les discours des présidents américains jusqu'ici[10].

Barry Posen du M.I.T s'inscrit dans la même lignée lorsqu'il écrit dans les pages de *Foreign Affairs* que si Trump veut maintenir la suprématie des États-Unis et ce que certains appellent « l'hégémonie libérale »[11], il se distingue toutefois en retirant le caractère libéral de cette aspiration : « Trump entend maintenir la supériorité militaire et économique des États-Unis et son rôle d'arbitre des contentieux dans la plupart des régions du monde mais il a choisi de s'abstenir

....

9 Bruno Tertrais, « Quelle sera la politique étrangère du président Trump ? », Note de la Fondation pour la Recherche Strategique, 9 novembre 2016.

10 Kori Schake, « Trump's Syria Strategy Actually Makes Sense », *The Atlantic*, 16 avril 2018.

11 John Ikenberry, *Liberal Leviathan: The Origins, Crisis, and Transformation of the American World Order*, Princeton, Princeton University Press, 2012.

quant à l'exportation de la démocratie et de se retirer de nombreux accords commerciaux multilatéraux »[12].

En réalité, s'il existe bien des divergences entre l'exercice du pouvoir selon Trump et ses prédécesseurs, il apparait que l'idée d'une rupture radicale repose sur une hypothèse trompeuse quant au processus décisionnel américain : elle confère au président une large liberté d'action or son périmètre d'activité se révèle en réalité bien plus circonscrit. C'est la thèse avancée notamment par Peter Dombrowski et Simon Reich qui affirment que la bureaucratie dédiée à la sécurité nationale américaine, le contexte international et les contraintes opérationnelles immédiates restreignent considérablement le champ d'action du chef d'État américain en matière de *grand strategy*[13]. De la même façon, Patrick Porter explique dans *International Security* qu'en raison tant de la puissance inégalée des États-Unis que du poids de l'habitude, la *grand strategy* américaine se révèle assez stable depuis les années soixante et y compris sous Donald Trump[14]. Pour Porter, cette *grand strategy* pourrait être résumée par l'idée de maintenir la suprématie (*primacy*) américaine qui se déclinerait en quatre volets : garantir la prépondérance militaire des États-Unis ; assurer la sécurité des alliés tout en contenant leurs ambitions ; intégrer les États dans des institutions et des marchés économiques façonnés par les États-Unis ; prévenir la diffusion des armes nucléaires[15]. Ce consensus serait ensuite entretenu par les élites de Washington, celles que Ben Rhodes, conseiller d'Obama, appelait, non sans un brin de sarcasme, « le blob »[16].

Une telle approche semble bien à contre-courant du discours médiatique contemporain sur Donald Trump. Elle vient également contrecarrer la vision de l'intéressé lui-même : Trump se pose depuis la campagne électorale comme une figure révolutionnaire, un *outsider* face au système politique de Washington qui s'engageait à « vider le marécage » (*drain the swamp*) de la capitale fédérale. L'examen des institutions militaires sous Trump donne à voir les limites de ce projet.

12 Barry Posen, « The Rise of Illiberal Hegemony: Trump's Surprising Grand Strategy », *Foreign Affairs*, vol.97, n°2, mars-avril 2018.

13 Simon Reich et Peter Dombrowski, *The end of grand strategy: US maritime operations in the twenty-first century*, Ithaca, Cornell University Press, 2018; Peter Dombrowski et Simon Reich, « Does Donald Trump have a grand strategy? », *International Affairs*, vol.93, n°5, 2017, pp.1013-1037.

14 Patrick Porter, « Why America's Grand Strategy has not changed: Power, Habit, and the U.S. Foreign Policy Establishment », *International Security*, vol. 42, n°4, printemps 2018, pp.9-46.

15 Patrick Porter, *op. cit.*, p.9.

16 David Samuels, « The Aspiring Novelist who became Obama's Foreign Policy Guru », *New York Times Magazine*, 5 mai 2016.

Trump et l'appareil de défense américain

Il importe de replacer les propos et les promesses du président américain dans leur contexte institutionnel. Plus que tout autre domaine, celui de la guerre repose aux États-Unis sur une gigantesque bureaucratie, celle du Département de la Défense. Pour l'année fiscale 2019, celui-ci s'est vu allouer un budget de 617 milliards de dollars auquel s'ajoute un fond de 69 milliards pour les opérations militaires en cours[17]. Le Pentagone emploie près de 2.87 millions de personnes et se déploie dans plus de 160 pays[18]. Les chefs des commandements régionaux – le Central Command pour le Moyen-Orient, l'Indo-Pacific Command pour l'Asie, l'European Command pour l'Europe, l'African Command pour l'Afrique, le Southern Command pour l'Amérique du sud – disposent souvent de prérogatives non seulement militaires mais diplomatiques qui supplantent celles des ambassadeurs.

Souvent réduite à tort à un simple exécutant de la Maison-Blanche, l'armée américaine, et plus généralement le Département de la Défense, joue donc un rôle central dans la formulation de la politique étrangère américaine. Or la relation entre décideurs civils et chefs militaires a souvent été conflictuelle : le premier Secrétaire à la Défense James Forrestal, avait ainsi déclaré que « la mission des armées en temps de paix est de détruire le secrétaire à la Défense »[19].

L'appareil de défense américain moderne émerge au lendemain de la Seconde Guerre mondiale, avec la mise en œuvre du *National Security Act* de 1947. Sa croissance durant la Guerre froide suscite l'inquiétude : Harold Laswell évoque un « État garnison » tandis que le président Eisenhower exhorte dans son message d'adieu les Américains à se prémunir contre l'influence du « complexe militaro-industriel »[20]. C'est dans ce contexte que Samuel Huntington pose les fondements en 1957 de sa théorie, devenue incontournable, de la relation civilo-militaire. Huntington conclut à l'existence de deux types de relation civilo-militaire déterminés par le degré de contrôle civil sur l'armée[21]. Selon le contrôle « objectif », recommandé par l'auteur, la gestion du phénomène guerrier exige une division du travail. Il s'agit là d'un modèle idéal dans lequel les

17 Caitlin Kenney, « Defense Department working toward $700 billion budget for fiscal year 2020 », *Stars and Stripes*, 26 octobre 2018.

18 Données disponibles sur le site officiel du Département de la Défense américain : https://www.defense.gov/our-story/.

19 Cité par Charles Stevenson, *SECDEF : The Nearly Impossible Job of Secretary of Defense*, Washington, Potomac Books, 2006, p.7.

20 Harold Laswell, « The Garrison State », *American Journal of Sociology*, vol.46, n° 4, janvier 1941, pp.455-468 ; Dwight D. Eisenhower, « Farewell Address », 17 janvier 1961.

21 Samuel Huntington, *The Soldier and the State: The Theory and Politics of Civil-Military Relations*, Cambridge, Belknap Press of Harvard University Press, 1957.

politiques qui ont décidé de l'entrée en guerre laissent la place aux militaires pour la conduite des opérations. Les militaires doivent donc être les professionnels, les « gestionnaires » de la violence (*managers of violence*). Selon le contrôle « subjectif », que désavoue Huntington, les civils interviennent aux deux niveaux, en déterminant non seulement le nombre d'hommes requis mais aussi les manœuvres adéquates, les bombardements pertinents et tout ce qui relève de la tactique. Selon Huntington, cette absence de frontière entre les mondes décisionnel et opérationnel favorise en retour une intrusion des officiers dans la sphère politique, ce qui, pour lui, est encore plus grave qu'une intrusion dans le sens inverse.

Les relations difficiles que Barack Obama entretenait avec la hiérarchie militaire ont fait l'objet d'ores et déjà de nombreuses analyses, notamment sur les tentatives des généraux d'imposer un « contrôle subjectif » sur la stratégie en Irak et Afghanistan[22]. Trump pour sa part constitue un cas paradoxal. De nombreuses promesses et déclarations du candidat Trump avaient suscité les réserves parmi les généraux, qu'il s'agisse de la remise en cause de l'OTAN ou encore des alliances militaires avec la Corée du Sud et le Japon. Or, une fois à la Maison-Blanche, le président a semblé se découvrir une fascination pour les officiers généraux. Son premier cabinet inclut les généraux Michael Flynn – conseiller à la sécurité nationale – James Mattis – secrétaire à la défense – et John Kelly – secrétaire pour la sécurité intérieure. Lorsque Flynn est poussé à la démission suite à sa compromission dans l'enquête sur les interférences russes durant l'élection présidentielle, Trump se tourne alors vers H.R. McMaster, un autre général et l'auteur remarqué de *Dereliction of Duty*, un ouvrage sur les échecs américains durant la guerre du Vietnam[23].

Cet engouement initial de Trump pour les militaires au sein de son cabinet a pu poser la question d'une militarisation rampante de la politique étrangère américaine déjà bien amorcée durant la décennie précédente et la guerre contre le terrorisme qui avait vu les dépenses militaires américaines s'envoler[24]. Certes, la présence de Kelly, Mattis et McMaster fut accueillie par beaucoup, et en particulier à l'étranger, comme un signe rassurant de continuité, et avait conduit la presse à consacrer l'expression des « adultes dans la pièce » (*adults in the room*) à leur égard[25]. Mais elle témoignait d'un mélange des genres – et d'une sorte

22 Mackubin Owens, *US Civil-Military Relations after 9/11: Renegotiating the Civil-Military Bargain*, New York, Continuum Books, 2011.
23 H.R. McMaster, *Dereliction of Duty*, New York, Harper, 1997.
24 Andrew Bacevich, *The New American Militarism: How Americans are seduced by war*, Oxford, Oxford University Press, 2013.
25 James Mann, « The Adults in the Room », *New York Review of Books*, 26 octobre 2017.

de « contrôle subjectif » au sens huntingtonien revendiqué – qui reste un sujet sensible dans le système politique américain. Non sans humour, Eliot Cohen de Johns Hopkins qualifiait ainsi le trio Kelly-McMaster-Mattis de « junte bienveillante »[26]. Le résultat de ces choix institutionnels fut une forte continuité, en particulier sur le plan de la diplomatie de défense.

La continuité de la diplomatie de défense sous Trump

Durant la campagne présidentielle, peu de pays alliés des États-Unis avaient échappé aux critiques du candidat Trump. Jugeant que ceux-ci exploitaient sans vergogne la protection offerte par Washington, Trump avait qualifié l'OTAN d'« organisation obsolète », et avait suggéré que le Japon et la Corée du sud – deux pays bénéficiant de solides accords de défense avec les États-Unis – devraient envisager de prendre en charge leur propre sécurité, y compris via l'acquisition d'armes nucléaires.

Sans disparaitre, ce discours s'est relativement apaisé après l'élection. Dans la péninsule coréenne, la volonté de la Maison-Blanche d'ouvrir des négociations avec la Corée du nord sur la dénucléarisation de la région n'a pas remis en cause les mesures de réassurance envers Seoul et Tokyo. Dans le même temps, le Département de la Défense a renforcé son dispositif pour l'ensemble de l'Asie-Pacifique, notamment autour de la mer de Chine du sud, faisant au passage de ses partenariats dans la zone dite « indo-pacifique » la clé de voute de son engagement dans la zone[27].

En Europe, les relations publiques de Trump avec les principaux dirigeants – qu'il s'agisse de la chancelière allemande Angela Merkel ou de la première ministre du Royaume-Uni Theresa May – ont été houleuses. Si Trump a reconnu ne plus considérer l'OTAN comme « obsolète », il a laissé planer le doute, symbolique, sur sa volonté de maintenir l'engagement américain à remplir ses responsabilités recouvertes par l'article 5 du Traité de l'Atlantique Nord – avant de formellement réaffirmer son soutien en juin 2017[28]. Mais l'aspect le plus paradoxal de la politique européenne de Trump porte sur la question russe. Le président américain n'avait pas caché durant la campagne électorale une certaine admiration pour la figure de Vladimir Poutine et n'a cessé de minimiser la portée, et la véracité, des ingérences de Moscou dans l'élection américaine

26 Mark Perry, « Are Trump's Generals in over their heads? », *Politico*, 25 octobre 2017.
27 Laura Zhou, « Trumps signs off on plan to allow U.S. Navy more freedom to patrol in South China Sea », *South China Morning Post*, 22 juillet 2017.
28 Jeremy Herb, « Trump commits to NATO's Article 5 », CNN.com, 9 juin 2017.

de 2016. Pourtant, si cette posture de Trump a suscité le malaise dans le *foreign policy establishment* de Washington – certains allant jusqu'à le surnommer le « *manchurian candidate* »[29] – elle n'a pas été suivie d'une détente avec Moscou vis-à-vis de la stratégie russe en Europe orientale, bien au contraire. Au cours de sa première année en exercice, l'administration Trump a ainsi augmenté de 40 % son *European Reassurance Initiative* destinée à rassurer militairement les alliés européens inquiets des ambitions russes dans leur voisinage. Rebaptisé l'année suivante l'*European Deterrence Initiative*, le programme implique un renforcement des troupes américaines en Europe et la conduite d'exercices militaires via l'European Command basé en Allemagne[30]. Trump a également approuvé des ventes d'armes létales telles que des missiles anti-char à l'Ukraine auxquelles l'équipe Obama n'avait pas consenti en son temps[31]. De même, la *National Security Strategy* qui parait fin 2017 fait de la Russie, comme la Chine, une puissance compétitrice qui défie directement l'influence américaine dans le monde[32]. On est donc bien loin des angoisses d'une présidence qui travaillerait discrètement à la promotion des intérêts russes à Washington.

Dans la péninsule arabique, Trump s'est aussi aligné sur des positions traditionnelles. Durant la campagne, il avait utilisé à plusieurs reprises l'Arabie saoudite comme un épouvantail, n'hésitant pas à suggérer que Riyad était derrière les attaques du 11 septembre 2001[33]. Une fois élu, Trump a semble-t-il opéré un revirement complet et affiché un soutien à l'Arabie Saoudite ainsi qu'aux petits émirats et monarchies du Golfe, notamment sur la guerre controversée au Yémen. Si la relation publique s'est révélée soudainement plus chaleureuse – les relations entre Obama et les monarques du Golfe ayant été pour le moins difficiles[34] – la coopération militaire et les ventes d'armes ont pour leur part suivi une trajectoire déjà tracée par l'administration précédente. En outre, le durcissement du discours américain sur l'Iran suivi du démantèlement de l'accord nucléaire de 2015 et un retour à une politique de sanctions de Téhéran similaire à celle menée

29 Beverly Gray, « Trumping the Manchurian Candidate. Again », *Bulletin of the Atomic Scientists*, 13 juillet 2018; Max Boot, « Donald Trump: A Modern Manchurian Candidate? », *New York Times*, 11 janvier 2017.

30 Jen Judson, « Funding to deter Russia reaches $6.5B in FY19 defense budget request », *Defense News*, 12 février 2018.

31 Peter Marzalik et Aric Toler, « Lethal weapons to Ukraine: a primer », Atlantic Council, 26 janvier 2018.

32 Maison Blanche, *US National Security Strategy of the United States of America*, décembre 2017, p.2.

33 Eric Levitz, « Donald Trump suggested Saudi Arabia was behind 9/11 multiple times Wednesday », *New York Magazine*, 17 fevrier 2016.

34 Jean-Loup Samaan, « Les États-Unis dans le Golfe persique : la realpolitik d'Obama en action ? », *Hérodote*, n° 149, 2013, pp.22-36.

par l'administration Bush et durant les premières années de l'administration Obama sont autant de mesures bénéficiant de l'adhésion des pays du Golfe. La véritable singularité dans l'approche de Trump à l'égard des monarques arabes pourrait bien être son caractère décomplexé et la mise à l'écart du discours sur les droits de l'homme et les réformes politiques saillant tant chez George W. Bush que chez Barack Obama. En ce sens, cette stratégie régionale illustre bien le concept d'« hégémonie illibérale » de Barry Posen.

Dans cette perspective, force est de constater que la présidence Trump ne marque pour l'instant pas une rupture de fond en comble de la politique de défense et le débat stratégique américain. Sur les dossiers fondamentaux, tant en termes de ressources militaires que de relations internationales, la Maison-Blanche actuelle s'inscrit dans une certaine continuité : quelques tendances s'accélèrent ou s'exacerbent – notamment les tensions avec la Chine, la Russie et l'Iran – mais ne s'éloignent pas foncièrement des orientations des précédents chefs d'État américains. Même sur le dossier nord-coréen, autour duquel l'administration n'a cessé de présenter la rencontre Trump-Kim Jong Un à Singapour au printemps 2018 comme inédite, la réalité donne à voir une position extrêmement prudente et finalement sans véritables conséquences sur le plan militaire. En outre, on pourrait rappeler que l'idée d'une rencontre sans préconditions avec le leader nord-coréen avait été avancée par Barack Obama lui-même durant sa campagne présidentielle de 2008.

Si cette relative continuité ne gomme pas pour autant des divergences de fond, il importe d'en déterminer les conditions. L'environnement international constitue un facteur naturel d'inflexion de la politique étrangère américaine et c'est à la lumière de son évolution qu'il faut juger les changements éventuels dans la posture de Washington. Le poids de l'appareil de défense et du *foreign policy establishment* est également un paramètre tout aussi déterminant[35]. C'est dans ce cadre général que ce dossier entend offrir quelques clés de lecture de la *grand strategy* sous Donald Trump.

Présentation du dossier

Ce dossier se propose de faire un état des lieux de la politique de défense américaine. Si son point de départ est bien l'exercice du pouvoir et l'emploi de la force par Donald Trump, les contributions qui suivent s'inscrivent dans le temps long. Il s'agit ici d'interroger les annonces et les mesures prises par

35 Lawrence Jacobs, Benjamin Page, « Who influences US Foreign Policy? », *American Political Science Review*, vol.99, n° 1, février 2005, pp.107-123.

Washington à l'aune de l'histoire contemporaine des États-Unis. En ce sens, l'objectif est double. Tout d'abord, nous entendons combler un certain manque dans la production universitaire francophone au sujet des États-Unis : il existe depuis longtemps une recherche en langue française de grande qualité sur la civilisation américaine en général et sur la politique étrangère des États-Unis en particulier. Pour autant, la dimension militaire a souvent été mise de côté et laissée aux chercheurs se réclamant des études stratégiques. Sans prétendre transcender les frontières disciplinaires de la recherche universitaire, ce dossier entend stimuler le dialogue entre « américanistes », « politistes » et « stratégistes ». Dans le même temps, les contributions entendent offrir une lecture dépassionnée de l'actualité américaine. Le regard académique permet ainsi d'éviter l'écueil, trop fréquent aujourd'hui, de l'analyse à charge de la politique de Donald Trump et de recontextualiser celle-ci.

Pour ce faire, le dossier explore deux grands volets de la politique de défense américaine : les partenariats internationaux et les doctrines militaires. Le premier axe s'ouvre sur l'article de Maya Kandel, enseignante-chercheure à l'Université Sorbonne Nouvelle, portant sur la relation transatlantique. Rappelant que la rhétorique isolationniste de Trump s'inscrit dans une tradition jacksonienne – en référence au septième président Andrew Jackson – Maya Kandel montre comment la politique européenne des États-Unis est aujourd'hui « écartelée » entre d'une part le renforcement de son dispositif militaire en soutien aux alliés d'Europe et les propos ambivalents de Trump sur la Russie et Vladimir Poutine. Dans l'article suivant, Hugo Meijer, chargé de recherche CNRS au Centre de recherches internationales de Sciences Po, offre une analyse comparée du débat stratégique américain sur l'Asie-Pacifique sous Obama et Trump. Évaluant les perceptions de la « menace » chinoise, les objectifs politiques affichés ainsi que le rôle dévolu aux partenariats régionaux, l'auteur en vient à conclure que la stratégie asiatique de Trump « s'inscrit dans une évolution cumulative de long terme plus que dans une discontinuité radicale ».

Le constat au niveau doctrinal se révèle similaire. Dans sa contribution sur les évolutions de la dissuasion nucléaire américaine, Corentin Brustlein, directeur du centre des études de sécurité de l'Institut français de relations internationales, revient tout d'abord sur le court moment où l'administration de Barack Obama a semblé promouvoir une tendance au désarmement, avec le fameux discours de Prague d'Obama en 2009. Marquées par un recentrage sur la compétition grandissante avec les autres grandes puissances nucléaires – tout particulièrement la Russie et la Chine – les dernières années de la présidence Obama ont ouvert la voie à un recentrage sur les fondamentaux de la dissuasion nucléaire qui sera ensuite repris par l'administration Trump, comme l'illustre sa *Nuclear Posture Review* de 2018. La conclusion n'en est pas moins préoccupante : comme l'écrit Corentin Brustlein, « en posant les bases d'un maintien d'une situation de supériorité stratégique jouant à son avantage, Washington accepte le risque d'exacerber les perceptions de vulnérabilité russe et chinoise et de mettre en danger la sécurité de ses alliés ».

Dans l'article qui suit, Élie Tenenbaum, chercheur à l'Institut français de relations internationales, revient sur la problématique des « guerres irrégulières » qui a tant irrigué le débat stratégique américain au cours des dix dernières années et ce à la faveur des engagements de l'armée américaine en Irak et Afghanistan. Elie Tenenbaum nous rappelle que l'un des promoteurs du manuel de contre-insurrection de l'armée américaine de 2006 n'est autre que James Mattis, le secrétaire à la défense de Donald Trump jusqu'en décembre 2018. Il montre ensuite que malgré les résonnances isolationnistes de la campagne présidentielle, le président Trump n'a pas rejeté en bloc l'emploi de la force tel qu'Obama l'avait pratiqué : le rôle plus ou moins direct joué par l'armée américaine dans les conflits au Yémen et en Syrie nous rappelle que les « guerres irrégulières », à l'ombre des rivalités entre grandes puissances, ont de beaux jours devant elles.

Enfin, concluant ce dossier, Olivier Zajec, maître de conférences en science politique de l'Université Lyon 3, discute la pérennité d'une certaine « culture stratégique » américaine. Retraçant la genèse de la pensée militaire au sein des armées américaines, l'auteur montre comment celle-ci, émergeant aux lendemains de la Première Guerre mondiale, est restée relativement stable et s'est tout particulièrement structurée autour de la notion de neuf *principles of war* – objectif, économie des forces, offensive, manœuvre, unité de commandement, sûreté, masse, surprise et simplicité – qui sont encore aujourd'hui des clés de lecture du débat doctrinal au sein du Département de la Défense américain.

☑

Bibliographie indicative

Bacevich, Andrew, *The New American Militarism: How Americans are seduced by war*, Oxford, Oxford University Press, 2013.

Clarke, Michael, Ricketts, Anthony, « Did Obama have a grand strategy? », *Journal of Strategic Studies*, vol.40, n ° 1-2, février 2017, pp.295-324.

Dombrowski, Peter, Reich, Simon, « Does Donald Trump have a grand strategy? », *International Affairs*, vol.93, n° 5, 2017, pp.1013-1037.

Drezner, Daniel, « Does Obama have a grand strategy? » *Foreign Affairs,* vol.90, n° 4, juillet-aout 2011, https://www.foreignaffairs.com/articles/2011-06-17/does-obama-have-grand-strategy.

Huntington, Samuel, *The Soldier and the State: The Theory and Politics of Civil-Military Relations,* Cambridge, Belknap Press of Harvard University Press, 1957.

Ikenberry, John, *Liberal Leviathan: The Origins, Crisis, and Transformation of the American World Order,* Princeton, Princeton University Press, 2012.

Jacobs, Lawrence, Page, Benjamin, « Who influences US Foreign Policy? », *American Political Science Review,* vol.99, n ° 1, février 2005, pp.107-123.

Laswell, Harold, « The Garrison State », *American Journal of Sociology,* vol.46, n ° 4, janvier 1941, pp.455-468.

Lee, Bandy, dir. *The Dangerous Case of Donald Trump: 27 Psychiatrists and Mental Health Experts Assess a President,* New York, Thomas Dunne, 2017.

Mann, James, « The Adults in the Room », *New York Review of Books,* 26 octobre 2017.

Owens, Mackubin, *US Civil-Military Relations after 9/11 : Renegotiating the Civil-Military Bargain,* New York, Continuum Books, 2011.

Porter, Patrick, « Why America's Grand Strategy has not changed: Power, Habit, and the U.S. Foreign Policy Establishment », *International Security,* vol.42, n°4, printemps 2018, pp.9-46.

Posen, Barry Posen, « The Rise of Illiberal Hegemony: Trump's Surprising Grand Strategy », *Foreign Affairs,* vol.97, n°2, mars-avril 2018.

Reich, Simon, Dombrowski, Peter, *The end of grand strategy: US maritime operations in the twenty-first century,* Ithaca, Cornell University Press, 2018.

Samaan, Jean-Loup, « Les États-Unis dans le Golfe persique : la realpolitik d'Obama en action ? », *Hérodote,* n° 149, 2013, pp.22-36.

Stevenson, Charles, *SECDEF : The Nearly Impossible Job of Secretary of Defense,* Washington, Potomac Books, 2006.

Les États-Unis et l'Alliance atlantique

Maya Kandel*

Résumé

Les grands tournants de l'histoire de la politique étrangère américaine correspondent souvent à des évolutions fondamentales dans la relation des États-Unis à l'Europe, plus précisément à des évolutions dans le rapport de puissance transatlantique. La principale rupture si l'on considère le temps long du rapport au monde des États-Unis correspond à la Seconde Guerre mondiale : la relation transatlantique, au sens contemporain du terme, née d'un ensemble d'institutions liant les États-Unis à une grande partie des pays européens, naît également à cette époque, en particulier avec la création de l'OTAN en 1949. L'Alliance atlantique a été créée dans le contexte du début de la guerre froide, pour faire face à la menace soviétique. Ce simple fait est nécessaire à rappeler puisqu'il explique pourquoi, malgré les multiples crises qu'avait traversées l'OTAN pendant les quatre premières décennies de son existence, la crise de l'organisation depuis la fin de la guerre froide est évidemment plus profonde. La question qui se pose aujourd'hui concerne toujours les mêmes deux obstacles existentiels à l'OTAN, réticence américaine à demeurer dans une alliance contraignante (du fait de l'Article 5) et divisions européennes. Or ces deux obstacles, loin de se résorber, n'ont cessé de se renforcer l'un et l'autre depuis la fin de la guerre froide, jusqu'à prendre une ampleur nouvelle depuis 2016 en raison des propos du candidat républicain et désormais président américain Donald Trump, qui a qualifié l'OTAN d'« obsolète ».

Dans l'histoire américaine, les grands tournants de la politique étrangère correspondent souvent à des évolutions fondamentales dans la relation des États-Unis à l'Europe, plus précisément à des évolutions dans le rapport de puissance transatlantique. La principale rupture si l'on considère le temps long du rapport au monde des États-Unis correspond à la Seconde Guerre mondiale, suivie de la construction par les États-Unis d'un ensemble d'institutions mais aussi d'alliances internationales, qui créent l'ordre international tel que nous le connaissons aujourd'hui – et qui est aujourd'hui en crise[1]. La relation transatlantique,

* Maya Kandel est chercheuse associée à l'Université Paris 3 – Sorbonne Nouvelle (CREW).

1 Maya Kandel, *Les États-Unis et le monde, de George Washington à Donald Trump*, Paris, Perrin, 2018. Walter A. McDougall, *Promised Land, Crusader State. The American Encounter with the World Since 1776*, New York, Houghton Mifflin, 1997. Pierre Melandri, *Le siècle américain, une histoire*, Paris, Perrin, 2016. Michael Patrick Cullinane et David Ryan, dir., *U.S. Foreign Policy and the Other*, Oxford, Berghahn Books, 2015.

au sens contemporain du terme, née d'un ensemble d'institutions liant les États-Unis à une grande partie des pays européens, naît également à cette époque, en particulier avec la création de l'OTAN en 1949.

L'Alliance atlantique a été créée pour faire face à la menace soviétique. Ce simple fait est nécessaire à rappeler puisqu'il explique pourquoi, malgré les multiples crises qu'avait traversées l'OTAN pendant les quatre premières décennies de son existence, la crise de l'Alliance depuis la fin de la guerre froide est évidemment plus profonde. Elle a connu des pics et des périodes de rémission, mais cette crise est restée présente, jusqu'à prendre une ampleur nouvelle en 2016 lorsque le candidat républicain et futur président américain Donald Trump a qualifié l'OTAN d'« obsolète »[2]. Plus précisément, si la coopération militaire entre ses membres n'a cessé de s'approfondir, y compris, voire tout particulièrement, depuis l'annexion de la Crimée par la Russie, le niveau politique de l'Alliance traverse une crise profonde : c'est là l'objet de cet article[3].

En 1949 déjà, il avait fallu surmonter deux obstacles, qui demeurent les deux obstacles existentiels pour l'OTAN aujourd'hui : la réticence américaine, liée à l'histoire et aux avertissements de George Washington et Thomas Jefferson sur les « alliances permanentes » et « contraignantes » respectivement – surmontée en 1949 grâce à l'habileté du président Truman et le soutien du sénateur Vandenberg, qui permet le soutien du Congrès[4]; les divisions européennes, à l'origine de deux guerres mondiales en deux générations – que les Européens entendent surmonter comme le montre la signature du traité de Bruxelles en 1948[5]. Au-delà de ces deux guerres, une succession rapide d'événements avait, au sortir de la Seconde Guerre mondiale, créé les conditions propices à l'implication américaine directe dans la sécurité européenne en temps de paix, pour la première fois de l'histoire des pays concernés des deux côtés de l'Atlantique : coup de Prague puis blocus de Berlin en 1948, explosion de la première bombe atomique soviétique l'année suivante, qui fut suivie de près par la signature du Traité de l'Atlantique Nord en 1949. Les

....

2 « Trump says NATO is obsolete but still 'very important to me.' » *Reuters*, 15 janvier 2017. Seth A. Johnston, *How NATO adapts. Strategy and Organization in the Atlantic Alliance since 1950*, Baltimore, Johns Hopkins University Press, 2017 ou Heidi Hardt, *NATO's Lessons in Crisis. Institutional Memory in International Organizations*, New York, Oxford University Press, 2018.

3 Sur les aspects concernant l'organisation militaire, voir les travaux d'Olivier Schmitt, par exemple *Allies That Count : Junior Partners in Coalition Warfare*, Washington, DC, Georgetown University Press, 2018.

4 George Washington's Farewell Address, 1796 : « It is our true policy to steer clear of *permanent alliance* with any portion of the foreign world ». Thomas Jefferson's First Inaugural Address, 1801 : « peace, commerce, and honest friendship with all nations, *entangling alliances* with none ». Archives disponibles par exemple sur le site du Avalon Project de Yale University: http://avalon.law.yale.edu.

5 Gary Schmitt, *NATO's Unsung Virtues*, Washington, DC, American Enterprise Institute, juin 2018.

combats récents et la nécessaire coopération opérationnelle interalliée justifiaient l'idée novatrice d'un commandement militaire intégré en temps de paix, qui se mettra en place à partir de 1950. La naissance de l'OTAN ne peut par ailleurs être dissociée du contexte contemporain de création et d'intégration dans la politique étrangère américaine d'une multitude d'engagements dans les nouveaux cadres multilatéraux créés alors, de l'ONU au système de Bretton Woods, sans oublier le Plan Marshall en ce qui concerne plus spécifiquement l'Europe. Cet ensemble doit être compris dans le cadre de la doctrine Truman et de la vision stratégique qui s'impose alors à Washington, née de l'expérience et de la lecture de l'entre-deux-guerres de la guerre comme résultant de l'inaction et de l'isolationnisme américains pendant les décennies 1920 et 1930[6].

La raison première de l'Alliance atlantique, destinée à contrer l'Union soviétique en Europe, explique la crise qui la frappe dès la fin de la guerre froide : avec la dissolution de l'URSS, l'OTAN perd l'ennemi qui constituait sa raison d'être. On se souvient des interrogations qui marquent la première moitié des années 1990 à Washington, symbolisée par cette phrase du sénateur Richard Lugar en 1993 sur une organisation vouée à trouver une vocation hors de la zone de ses États-membres, sous peine de devoir disparaître (« *out of area or out of business* »[7]) : rappelons en effet que la vocation première de l'Alliance concernait la défense territoriale de ses membres contre l'Union Soviétique. Les interventions des années 1990 en Bosnie et au Kosovo, mais surtout les guerres des deux premières décennies 2000 amènent l'OTAN à intervenir hors du territoire de ses membres, de l'Afghanistan (avec la première et unique à ce jour invocation de l'article 5 après les attentats du 11 septembre 2001) aux côtes africaines[8] puis à la Libye. En réalité, la décision de conserver l'OTAN malgré la disparition de son ennemi est prise à Washington dès 1991 notamment pour faciliter la réunification allemande face aux réticences françaises en particulier[9]. Crucial également, le lien fait dès lors entre intégration dans l'OTAN et intégration dans l'UE, qui doit se comprendre dans le contexte de l'esprit de l'époque, dont une bonne illustration est l'article de Francis Fukuyama sur « la fin de l'histoire »[10]. Cet article qui fit polémique illustre parfaitement la lecture occidentale qui va s'imposer de la signification de la fin de la guerre froide : une généralisation de l'ordre international

6 Maya Kandel, *Les États-Unis et le monde, de George Washington à Donald Trump*, Paris, Perrin, 2018, chapitre V.

7 Senator Richard G. Lugar, « NATO: Out of Area or Out of Business », Remarks Delivered to the Open Forum of the U.S. State Department, 2 août 1993.

8 Opération *Ocean Shield* de lutte contre la piraterie au large de la Corne de l'Afrique.

9 Voir : Philip Zelikow et Condolezza Rice, *German Unified and Europe Transformed: A Study in Statecraft*, Cambridge, MA, Harvard University Press, 1995.

10 Francis Fukuyama, « The End of History? », *The National Interest*, 1989.

dans sa déclinaison libérale au sens américain, avec les États-Unis en garants par une « hégémonie bienveillante ». Mais cette lecture occidentale va générer ses propres anticorps, venus d'abord de la Russie qui réagit dès l'intervention de l'OTAN au Kosovo et va dès lors reconstruire toute sa politique étrangère sur sa propre contre-lecture, qui voit l'OTAN comme l'instrument de Washington pour réorganiser l'Europe sur les plans politique, économique, mais aussi des frontières : or Moscou perçoit cet objectif comme se faisant contre la Russie, l'expansion de l'OTAN vers l'Est et le lien intégration dans l'OTAN et intégration dans l'UE apparaissant comme une preuve de la justesse de cette lecture russe. Dès lors, la Russie engage une contre-attaque, entamée en 2008 contre la Géorgie, poursuivie en Ukraine à partir de 2014, et encore en cours aujourd'hui[11].

La question qui se pose aujourd'hui concerne toujours les mêmes deux obstacles existentiels à l'OTAN : réticence américaine à demeurer dans une alliance contraignante (du fait de l'Article 5) et divisions européennes. Or ces deux obstacles, loin de se résorber, ne cessent de se renforcer l'un et l'autre depuis la fin de la guerre froide, malgré quelques périodes de rémission. La crise actuelle est particulièrement grave justement parce que le président américain est le principal moteur de leur renforcement, à la fois par ses doutes exprimés et ses attaques contre l'OTAN, mais aussi par ses propos contre l'UE et ses membres. Surtout, le danger est renforcé parce que l'OTAN et l'UE traversent toutes deux des crises existentielles. Or l'UE ne peut exister dans un vide sécuritaire : en attendant une autonomie stratégique européenne, son existence semble conditionnée à un maintien de l'OTAN.

Or Trump n'est ici pas le seul responsable de la crise actuelle : en effet, Obama avant lui avait insisté sur la nécessaire autonomie stratégique des Européens, même s'il n'avait jamais remis en doute l'utilité de l'OTAN pour les États-Unis. Trump est fondamentalement différent dans son attitude justement parce qu'il ne fait pas la différence entre alliés et adversaires. Or les 18 premiers mois de son administration ont, sur de nombreux sujets mais tout particulièrement sur la relation transatlantique, l'OTAN et la Russie, illustré une schizophrénie à la tête du gouvernement américain, qui rend difficile la compréhension de la stratégie américaine : il y a certes les documents stratégiques, les décisions prises sur le terrain, les budgets votés – mais le président américain est le commandant-en-chef des armées et sa parole « dit » aussi la politique étrangère américaine et représente donc aussi la garantie de l'Alliance – ou sa mise en doute. La position américaine demeure de ce fait indéterminée – de même que la solidité de

11 L'opération russe en Géorgie signe également la mort du Conseil OTAN-Russie, qui était censé prévenir ce type de tensions.

la garantie de l'Alliance, ce qui à terme pourrait menacer son existence même dans un contexte international particulièrement mouvant.

L'OTAN après la guerre froide, d'une crise à l'autre

De l'heure de l'Europe aux 3 D de Madeleine Albright

En juin 1991, alors que la Yougoslavie basculait dans la guerre, Jacques Poos, ministre luxembourgeois déclarait au nom de la Communauté européenne que « l'heure de l'Europe était venue ». On sait ce qu'il en fut. Les guerres balkaniques allaient provoquer de vives divisions européennes, une crise de croissance de l'OTAN, obligée de s'adapter au nouveau contexte international, et pousser l'Amérique, après trois ans d'atermoiements, à venir à la rescousse de l'Europe[12].

À Saint-Malo en 1998, les Américains avaient réagi très négativement à la déclaration franco-britannique sur une défense européenne indépendante. Madeleine Albright, alors secrétaire d'État du président Clinton, avait résumé l'attitude de Washington par la crainte des « 3D » vis-à-vis de l'OTAN – détournement (*decoupling*) des capacités allouées à l'OTAN, discrimination à l'égard des membres non-UE, duplication des ressources et des processus de décision. Il y avait alors une crispation très forte aux États-Unis contre l'idée d'une politique de défense européenne autonome (traduction : « où les États-Unis n'auraient pas leur mot à dire ») et tout particulièrement contre l'idée d'un état-major opérationnel européen[13].

La question passe ensuite au second plan sur fond de guerre en Irak et des divergences européennes qu'elle entraîne. On se souvient des propos du secrétaire à la Défense américain Donald Rumsfeld sur la « vieille et la nouvelle Europe », et du jugement d'un Robert Kagan sur les Américains venant de Mars et les Européens de Vénus[14]. Surtout, les divisions européennes calment alors les

12 Maya Kandel, *Mourir pour Sarajevo – Les États-Unis et l'éclatement de la Yougoslavie*, Paris, CNRS Éditions, 2013.

13 Voir : Maya Kandel, « Le regard américain sur la PSDC et l'Europe de la Défense », *in L'Europe de la Défense Post-Lisbonne : Illusion ou défi ?*, sous la direction du Général Jean-Paul Perruche, Paris, Études de l'IRSEM, 2011, pp.213-237. Voir aussi : Secretary Albright's remarks to the North Atlantic Council ministerial meeting, Brussels, 8 décembre 1998 (discours des "3D").

14 Secretary Rumsfeld Briefs at the Foreign Press Center. U.S. Department of Defense. 22 janvier 2003: Rumsfeld avait déclaré: « "you're thinking of Europe as Germany and France. I don't. I think that's old Europe. If you look at the entire NATO Europe today, the center of gravity is shifting to the east. And there are a lot of new members. And if you just take the list of all the members of NATO and all of those who have been invited in recently -- what is it? Twenty-six, something like that? -- you're right. Germany has been a problem, and France has been a problem ». On retrouve une tonalité similaire dans le livre de Robert Kagan publié peu après, *Of Paradise and Power. America and Europe in the New World Order*, New York, Knopf, 2003.

inquiétudes américaines sur une concurrence pour l'OTAN venant de l'Union européenne, qui ne semble plus à l'ordre du jour. Ce changement de perspective est confirmé par le discours de l'ambassadrice américaine à l'OTAN, Victoria Nuland, le 22 février 2008 à Paris, qui appelle de ses vœux « une Europe aussi forte et unie que possible, prête à prendre ses responsabilités » en matière de défense et de sécurité[15].

La page des 3D d'Albright semble donc tournée, et ce tournant dans la dernière année de l'administration Bush est confirmé par l'administration Obama, qui prend acte de l'évolution du contexte international. Obama, qui entend privilégier la politique intérieure, cherche à redéfinir la politique étrangère américaine à partir d'un désengagement relatif à l'international : la réussite de ses ambitions intérieures dépend donc aussi de partenaires capables de seconder l'Amérique, dont il reconnaît qu'elle ne peut pas tout faire seule. Or l'Europe en est un, potentiellement le plus intéressant, puisqu'au-delà même de la relation transatlantique et de la communauté de valeurs et d'intérêts qu'elle incarne, les dépenses de défense européennes cumulées placent l'Europe au second rang derrière les États-Unis à l'échelle mondiale.

Cette attitude est exprimée par Phil Gordon[16], secrétaire d'État adjoint aux questions européennes du département d'État d'Hillary Clinton, qui multiplie dès sa prise de fonction les déclarations encourageantes : « l'Europe et l'Amérique doivent travailler ensemble pour faire face aux défis sécuritaires et économiques du XXIe siècle », déclare-t-il ainsi en 2009, ajoutant que les Américains ne sauraient trouver ailleurs qu'en Europe de meilleurs partenaires, « des pays prospères, démocratiques et militairement capables »[17]. Pour Gordon, il s'agit aussi de garantir grâce aux Européens qu'une guerre ne soit pas perçue comme une « guerre américaine » : l'Alliance est bien source de légitimité pour les États-Unis.

15 Ambassador Victoria Nuland, United States Permanent Representative to the North Atlantic Treaty Organization (NATO), Speech to Presse Club and AmCham, Paris, France, 22 février 2008: « You will think this is strange, a little suspicious -- to have the U.S. Ambassador to NATO come to Paris to say that one of the most important things French leaders can do for global security is to strengthen and build the capacities of the EU. So why am I doing it? If we have learned anything since September 11, 2001... it is that we need each other. We, in the United States, need a Europe that is as strong and united as possible, ready and willing to bear its full measure of responsibility for defending our common security and advancing our shared values... As we in the United States look across the globe for partners... our first stop is often at the European Union. Of course to the 27 member states but increasingly to the institution itself ».

16 Auparavant chercheur à la Brookings, europhile et auteur d'un livre avec Jeremy Shapiro, *Allies At War - America, Europe and the Crisis Over Iraq*, New York, McGraw-Hill, 2004.

17 Transcription du Council On Foreign Relations Meeting, sujet: "The U.S.-Europe Partnership, Speaker: Philip Gordon, Assistant Secretary Of State For European And Eurasian Affairs", Presidente: Karen Donfried, Executive Vice President, German Marshall Fund Of The United States, 9 décembre 2009 Il me semble que cette source n'est pas citée correctement (sans doute faut-il ajouter des guillemets et/de l'italique quelque part; vérifier aussi le mot "presider".

De la Libye à la Crimée : les Européens toujours consommateurs de la sécurité américaine

Les modalités de l'intervention en Libye au printemps 2011, avec des Européens dans le *lead* et des Américains en soutien (« *leading from behind* »), semblent indiquer au premier abord une évolution déterminante qui pointe une maturité nouvelle des alliés européens - certains d'entre eux au moins. L'administration Obama s'en réjouit en mai 2011, alors que l'opération est en cours : lors de l'annuel Atlantic Council Awards Dinner le 3 mai, le vice-président Joseph Biden jubile devant cette « preuve de *burden-sharing* », tandis que l'Amiral Stavridis évoque « pour le public américain » non seulement le leadership européen dans cette affaire, mais aussi son succès[18]. Mais Obama exprimera ensuite sa profonde déception vis-à-vis d'alliés qui n'ont pas su poursuivre sur le succès militaire de l'opération et gérer l'après[19].

Or cette séquence libyenne débouche bientôt sur un discours resté dans les annales transatlantiques, prononcé par le secrétaire à la Défense, Robert Gates, en forme de testament politique avant de remettre les clés du Pentagone à Leon Panetta ; s'il n'est bien évidemment pas le premier à le dire, il le fait cependant de manière forte et symbolique à Bruxelles. Il s'agit d'une injonction très forte aux Européens à prendre en charge leur propre défense sans plus dépendre des États-Unis[20]. Pour Gates, si l'Afghanistan avait déjà mis en évidence les limites capacitaires de l'Europe, la Libye n'a fait qu'accentuer ce constat. Or pour Washington, c'est d'autant plus grave que la Libye se trouve dans l'environnement immédiat de l'Europe et constitue bien un intérêt vital européen. Pourtant les États-Unis ont dû une fois de plus venir à la rescousse de capacités européennes insuffisantes, notamment en termes de destruction des défenses anti-aériennes. Le secrétaire sortant profite de ce discours à Bruxelles pour dénoncer aussi les dangers de la division du travail classique entre les deux rives de l'Atlantique, entre le « soft » humanitaire-maintien de la paix, dévolu à l'Europe, et le « hard » des missions de combat. Pour la position officielle à Washington, cette division du travail, autrefois considérée avec bienveillance dans les cercles du pouvoir américain, est devenue « inacceptable ». Plus largement, Gates brandit la menace de coupes budgétaires visant les troupes américaines en Europe : chez les parlementaires,

18 Transcription du Atlantic Council Awards Dinner, 2011 : Stavridis : « I think for this American audience it is worth highlighting that this is being conducted very much under the European side of this alliance... and I think performing it successfully ». Je pense qu'il faut reprendre la forme de cette note, et indiquer la source

19 Florence Gaub et Rob Weighill, *The Cauldron, NATO'S Campaign in Libya*, OUP, 2018

20 « The Security and Defense Agenda (Future of NATO) », Secretary of Defense Robert M. Gates, Brussels, Belgium, 10 juin 2011.

comme dans d'autres secteurs politiques américains, prévient-il, une nouvelle génération, qui n'a pas connu la guerre froide, commence à remettre en question l'investissement américain dans l'OTAN, voire le principe même de l'Alliance, considérés par certains comme peu rentables pour l'Amérique[21].

Cette évolution est alors déjà visible au Congrès avec l'arrivée d'une majorité républicaine à la Chambre des représentants (après les midterms de novembre 2010), qui impose à l'administration Obama un agenda dominé par la question du déficit budgétaire et de la dette. L'arrivée de représentants du mouvement Tea Party marque l'ascension des *deficit hawks* républicains (par opposition aux *military hawks*), pour qui la réduction des dépenses militaires et de la présence américaine en Europe ne constitue plus un tabou, et qui viennent renforcer les rangs démocrates sur ce point : de nombreux parlementaires remettent en cause la « relation de dépendance », qui permet aux pays européens dont la défense est « subventionnée par l'Amérique » de fournir à leurs citoyens la sécurité sociale, de bonnes retraites et des services publics[22]. Finalement, le vote de l'amendement Polis, qui envisage de diviser par deux la présence militaire américaine en Europe pour la ramener à 30 000 hommes maximum, échoue, mais les scores sont intéressants[23]. C'est en effet le troisième vote sur ce point en six mois, et si les « non » l'emportent, les « oui » gagnent chaque fois du terrain. Lors du vote du 8 juillet 2011, il y a, pour la première fois, plus de cent représentants en faveur d'une réduction drastique (113 pour, 307 contre)[24].

Plus largement, côté républicain, la « vision Rumsfeld-Kagan » d'Européens « profitant de la garantie de sécurité américaine » à l'exception de quelques « bons élèves » à l'Est, en particulier la Pologne, perdure, et beaucoup affirment au contraire que Washington doit continuer de privilégier les relations bilatérales. Sally McNamara, chargée des questions européennes et transatlantiques au think tank Heritage Foundation[25], invoque les 3D d'Albright et exprime la répulsion qu'inspire à certains secteurs républicains la construction européenne, et tout particulièrement la PSDC (Politique de sécurité et défense communes), accusée de vouloir « remodeler le système international pour en faire un système

21 *Ibid.*: « Indeed, if current trends in the decline of European defense capabilities are not halted and reversed, future U.S. political leaders– those for whom the Cold War was *not* the formative experience that it was for me – may not consider the return on America's investment in NATO worth the cost ». Ne faudrait-il pas citer la source?

22 Department Of Defense Appropriations Act, 2012, *Congressional Record*, p. H4723, House of Representatives, 7 juillet 2011.

23 Rappelons qu'au plus haut durant la guerre froide, il y avait plus de 400000 militaires américains stationnés sur le continent européen. Voir : U.S. European Command, *US Military Presence in Europe (1945-2016)*, 2016. Le chiffre actuel de 62000 hommes représente donc une réduction de 85 %.

24 Vote: Roll N°.529, H R2219, Recorded Vote, 8 juillet 2011.

25 Think tank devenu sous Trump le principal fournisseur d'idées et de politiques de l'administration.

multilatéral régulé de manière à contraindre les actions américaines»[26]. C'est aussi l'opinion de John Bolton, ancien ambassadeur de George W. Bush à l'ONU et conseiller à la Sécurité nationale du président Trump depuis le 9 avril 2018, pour qui l'Union européenne est la bête noire d'un monde futur abhorré de «gouvernance globale»[27]. Cette crainte illustre la philosophie de tout un courant dur républicain, refusant tout constat de multipolarité, et annonçant certains éléments de l'agenda trumpien.

Dans l'esprit de l'administration Obama, la transition stratégique engagée en 2011-2012 suppose surtout des Européens désormais «producteurs de leur propre sécurité», selon les termes de la directive stratégique du département de la Défense de janvier 2012, qui expose également pour la première fois dans un document du Pentagone le principe de la «bascule» (ou pivot) vers l'Asie[28].

Mais la position de l'administration Obama évolue à nouveau à partir de 2014, avec l'annexion de la Crimée et la guerre en Ukraine. Obama a péché par excès d'optimisme, en pensant que la Russie allait accepter de se cantonner au rôle de puissance régionale qui lui était dévolu par les États-Unis avec la politique du *reset*, tentative récurrente des nouveaux présidents américains dans l'ère post-guerre froide de «remettre à plat» les relations américano-russes. La création de l'initiative de réassurance européenne (*European Reassurance Initiative)* se traduit par un quadruplement des dépenses de défense des États-Unis en Europe, *marquant* la reconnaissance de l'évolution majeure du contexte sécuritaire suite à la guerre en Ukraine et à la résurgence de la Russie[29]; le commandement américain pour l'Europe, EUCOM, produit une nouvelle stratégie en octobre 2015 «face au changement négatif le plus profond dans l'environnement européen de sécurité depuis la fin de la guerre froide» [30] La Russie en Europe n'est désormais plus considérée comme un partenaire mais comme un adversaire à contenir (et bientôt à dissuader). C'est également la fin de la réduction des effectifs militaires américains en Europe, continue depuis la fin de la guerre froide,

26 «Rather than strengthening the transatlantic alliance, the EU's defense policies have resulted in what former U.S. Secretary of State Madeleine Albright warned as "the three D's"... The Lisbon Treaty has given the EU greater latitude to pursue its wider objective of refashioning the international system into a highly regulated, multilateral system where U.S. actions can be constrained». Sally McNamara, «How President Obama's EU Policy Undercuts U.S. Interests», Heritage Foundation Note, 16 février 2011.

27 John Bolton, The Coming War on Sovereignty, *Commentary Magazine*, 1er mars 2009. Voir aussi dans le même ordre d'idées le «Global Governance Watch» de l'American Enterprise Institute et sa section «Spotlight on Sovereignty».

28 Department of Defense, *Sustaining U.S. Global Leadership: Priorities for 21st Century Defense*, janvier 2012.

29 Sur ce point, voir: Guillaume Lasconjarias, «Forces terrestres et réassurance: quelles options pour l'Alliance», *Focus stratégique*, Paris, IFRI, 2016.

30 General Philip Breedlove, U.S. European Command, Theater Strategy, octobre 2015.

et même le retour en 2015 des chars américains sur le continent, qu'ils avaient quitté en 2013. De son côté, la marine américaine rouvre d'anciennes bases de la guerre froide, ainsi en Islande pour surveiller et traquer les sous-marins russes. Cette évolution semble donc signer l'échec aux yeux de Washington de pays européens « fournisseurs de leur propre sécurité »[31].

America First, une grande stratégie post-transatlantique ?

Le président américain Donald Trump est revenu en 2017 sur ses propos les plus sévères envers l'OTAN, qualifiée d'obsolète pendant sa campagne électorale. S'il n'a pas cessé ses critiques envers des alliés européens accusés de « profiter » des États-Unis et de ne pas dépenser suffisamment pour leur défense, mais a cependant semblé se rallier à la vision de son secrétaire à la Défense James Mattis, pour qui l'alliance transatlantique demeure indispensable dans la politique étrangère américaine, déclarant qu'il avait changé d'avis et que « l'OTAN n'était finalement plus obsolète »[32]. De manière générale, la politique de l'administration Trump en matière d'engagements militaires reste par ailleurs marquée pour l'instant par une assez forte continuité avec l'administration Obama, notamment sur l'Afghanistan, la lutte contre le terrorisme, ou encore les opérations dans la région Asie-Pacifique. Cette continuité est due en particulier à la forte présence et à l'influence des militaires au sein de son administration, aussi bien à la tête qu'au sein de plusieurs départements et agences importants (Pentagone, NSC).

Surtout, la critique de la politique étrangère menée par les États-Unis depuis la fin de la guerre froide constitue le point de départ des deux principaux documents stratégiques publiés par l'administration Trump, la Stratégie de sécurité nationale (*National Security Strategy* ou NSS[33]), et la *National Defense Strategy* ou NDS. Cette critique semble confirmer un tournant stratégique américain, déjà amorcé en réalité sous Obama : la fin de la centralité de la relation transatlantique dans la grande stratégie américaine. Elle pourrait poser à terme la question du maintien de l'engagement américain dans l'OTAN.

31 Voir le numéro spécial de la *Revue Champs de Mars* n° 29 (2017) consacré aux conséquences de la crise ukrainienne en Europe, dirigé par Céline Marangé.

32 Peter Baker, « Trump's Previous View of NATO is now Obsolete », *The New York Times*, 13 avril 2017 : « "I said it was obsolete", the president noted on Wednesday as he hosted NATO's secretary general. "It's no longer obsolete". »

33 *National Security Strategy*, White House, décembre 2017.

La fin de la centralité de la relation transatlantique dans la stratégie américaine

Walter Russell Mead, historien à l'origine d'une typologie des écoles de politique étrangère et en particulier de l'école « jacksonienne »[34], a dressé, après la publication de la Stratégie de sécurité nationale en décembre 2017, un parallèle éclairant entre la signification de l'approche trumpienne (*America First*, que l'on peut considérer comme la doctrine définie par la NSS) et le débat stratégique britannique de la fin du XIXe siècle[35]. Ce débat stratégique opposait en Grande-Bretagne d'un côté les partisans d'une stratégie « continentale » donnant la priorité aux alliances et à une coopération rapprochée avec les États-clés européens, et de l'autre les défenseurs d'une stratégie maritime (*blue water policy*), qui voulaient se détourner de l'Europe pour embrasser une stratégie globale, utilisant la position géographique et l'empire pour maximiser la puissance britannique.

Dans les États-Unis d'aujourd'hui, les « continentalistes » seraient les partisans de la politique étrangère post-guerre froide : ils voient toujours le monde atlantique, avec son réseau institutionnel dense développé au sein des alliés de la guerre froide, comme le modèle sur lequel une société pacifique globale peut et doit être construite, et défendent donc toujours une politique américaine fondée avant tout sur la collaboration occidentale. Mais l'administration Trump semble, au regard de la stratégie de sécurité nationale publiée en décembre 2017 et de la priorité donnée désormais à la stratégie indopacifique, avoir fait le choix d'une stratégie maritime, au sens de la *blue water policy* du débat britannique : comme à l'époque de la *Pax Britannica*, les partisans de cette stratégie entendent accumuler puissance et richesse en avançant leurs intérêts dans le monde entier, voyant là une meilleure recette de succès que dans les complications européennes et transatlantiques[36]. Rappelons, pour filer la métaphore de Mead, que pour les Anglais d'alors, une Grande-Bretagne forte pouvait ensuite intervenir au besoin en Europe pour maintenir ou rétablir un équilibre des puissances, et garantir par là-même une domination globale britannique.

Cette dernière vision est aujourd'hui plus proche des instincts du président Trump, et semble refléter des idées dominantes dans son entourage largement renouvelé depuis le début de l'année 2018. L'administration américaine voit par exemple l'accord de Paris sur le climat comme un obstacle à l'exploitation par les États-Unis de leur potentiel énergétique. Surtout, les États-Unis se considèrent

34 Walter Russell Mead, *Special Providence: American Foreign Policy and How it Changed the World*, New York, Knopf, 2001.

35 Walter Russell Mead, « Trump's 'Blue Water' Foreign Policy », *The Wall Street Journal*, 26 décembre 2017.

36 *National Security Strategy*, White House, décembre 2017. Voir aussi ci-dessous.

aujourd'hui dans une compétition géopolitique mondiale avec la Chine, et la Russie dans une moindre mesure, compétition qui ne pourra être gagnée en invoquant le multilatéralisme et le droit international. Or la Russie demeure un sujet compliqué à Washington aujourd'hui, pour des raisons de politique intérieure liées à l'enquête du procureur spécial Robert Mueller, et à l'élection de Trump : ces raisons expliquent la schizophrénie de la politique américaine vis-à-vis de Moscou, caractérisée par les contradictions entre des mesures exprimant une posture plus agressive et l'ambivalence du président américain lui-même. L'affection de Trump pour la Russie et son président Vladimir Poutine, de même que sa volonté de rapprochement entre Washington et Moscou, ne se sont jamais démenties et ont fait l'objet de nombreux tweets et déclarations présidentiels : depuis 2013 au moins, il n'a cessé de proclamer son admiration pour le président russe[37]. Début janvier 2017, après son élection, il déclarait sa volonté de rétablir de bonnes relations avec la Russie[38]. Or pour le reste de l'administration américaine et du Congrès, ainsi que pour l'establishment de politique étrangère à Washington en revanche, la relation bilatérale russo-américaine est entrée dans une nouvelle ère de conflictualité aigüe, voire de « nouvelle guerre froide »[39]. En témoignent toutes les mesures prises par l'administration et le Congrès depuis janvier 2017, qui traduisent une dégradation de la relation bilatérale, qu'il s'agisse des lois de sanctions du Congrès[40], de l'augmentation du budget de l'Initiative de dissuasion européenne, dirigée contre la Russie en Europe, ou encore la décision du département d'État d'autoriser, suite à la préconisation du Pentagone, la livraison d'armes létales à l'Ukraine, qu'Obama avait toujours refusée[41]. Mais si ces mesures traduisent indéniablement un durcissement de

37 « *Great move (on delay) by V Putin, I always knew he was very smart* », tweet du 30 décembre 2016.

38 « *Having a good relationship with Russia is a good thing, not a bad thing. Only "stupid" people, or fools, would think that it is bad!* », tweet du 7 janvier 2017.

39 Voir par exemple le dernier rapport du *Council on Foreign Relations* : Robert Blackwill, Philip Gordon, « Containing Russia: How to Respond to Moscow's Intervention in U.S. Democracy and Growing Geopolitical Challenge », *Council on Foreign Relations Special Report,* janvier 2018; ainsi que l'éditorial de son directeur, Richard Haas, « Cold War II », du 23 février 2018. Le dernier rapport de l'Atlantic Council : Franklin D. Kramer and Hans Binnendijk, « Meeting the Russian Conventional Challenge », rapport du 27 février 2018. Du côté de la Brookings : Alina Polykova, Spencer Phipps Boyer, « The future of political warfare: Russia, the West, and the coming age of global digital competition », mars 2081. Ou encore par James N. Miller, Richard Fontaine, Alexander Velez-Green, « Averting the U.S.-Russia Warpath », dans *The National Interest,* qui résume le rapport du CNAS rédigé par les auteurs.

40 Robert Chesney, « Is the Trump Administration Breaking the Law by Failing to Issue New Russia Sanctions? », *Lawfare Blog,* 31 janvier 2018.

41 Josh Rogin, « Trump Admin Approves Lethal Arms Sales to Ukraine », *Washington Post,* 20 décembre 2017.

la position américaine par rapport à l'administration Obama, il faut souligner qu'elles ont été prises à chaque fois en dépit de Trump, voire contre ce dernier.

La nouvelle stratégie américaine exprimerait ces choix : l'Asie avant l'Europe, le « réalisme » plutôt que l'internationalisme libéral, la prospérité américaine avant le multilatéralisme et la coopération internationale[42]. Ces caractéristiques sont flagrantes dans la dernière partie de la NSS, qui détaille les priorités régionales : le Japon est cité comme « allié essentiel », suivi de l'Australie, la Nouvelle-Zélande, l'Inde (c'est la fameuse « coopération quadrilatérale » ou *quad*), tous expressément nommés, contrairement aux pays européens dans la suite du document. Sont cités ensuite les Philippes et la Thaïlande (« alliés importants »), puis le Vietnam, l'Indonésie, la Malaisie et Singapour (« partenaires sécuritaires et économiques croissants »). À l'inverse, l'Europe, qui vient en second, apparaît avant tout comme un enjeu de la rivalité entre grandes puissances : parce que la Russie cherche à affaiblir l'unité transatlantique et les institutions et gouvernements européens ; parce que la Chine cherche à s'y implanter stratégiquement. Cette vision présente l'avantage de rapprocher à la fois la focalisation du Pentagone, depuis plusieurs années déjà, sur le défi chinois, et certains instincts du président lui-même. Une telle approche ne tourne pas le dos au camp occidental et ne rejette pas la relation transatlantique, mais part du principe que c'est la puissance américaine, et non les institutions transatlantiques, qui permettent à ces mêmes institutions, et donc à l'Occident, d'exister. C'est donc un changement profond de statut pour la relation transatlantique.

Des Européens tétanisés et divisés

Depuis l'élection de Trump, les Européens s'interrogent sur leur place dans la stratégie américaine, et sur la valeur de la garantie de sécurité de l'article 5 de l'OTAN, certains comme la France considérant que la réponse passe par une véritable « autonomie stratégique européenne », d'autres préférant s'assurer de manière bilatérale du maintien de la garantie américaine par l'achat de matériels américains et une présence militaire renforcée sur leur sol, comme la Pologne. Certes, les « adultes »[43] de l'équipe, pour reprendre une terminologie en vogue à Washington et désignant les tenants d'une continuité de la politique étrangère (Mattis à la Défense, le vice-président Mike Pence, mais aussi en 2017 Rex Tillerson et H.R. McMaster, respectivement secrétaire d'État et conseiller à la sécurité nationale, aujourd'hui débarqués) n'ont cessé de rassurer les Européens. Trump lui-même, on l'a dit, a semblé se rallier à l'OTAN. Le secrétaire d'État

42 *National Security Strategy*, White House, décembre 2017.
43 James Mann, « The Adults in the Room », *The New York Review of Books*, 26 octobre 2017.

Tillerson insistait, dans son dernier discours sur les États-Unis et l'Europe en novembre 2017, sur le maintien de l'Initiative de dissuasion européenne (EDI, qui remplace l'ERI, initiative de réassurance européenne, créée par Obama en 2014 après l'annexion de la Crimée par la Russie) et l'augmentation de son budget, désormais de 4,8 milliards de dollars, soit une augmentation de 1,4 milliard. Tillerson pointait également la libéralisation de la règlementation américaine sur les exportations de gaz et de brut à destination de l'Europe[44]. Du côté du Congrès, le regain d'intérêt pour l'Europe, certes avant tout orientale, est notable, ce que montrent la multiplication en 2017 des délégations parlementaires, ainsi que le maintien d'une position dure sur la Russie[45].

Rien de tout cela n'a mis fin aux angoisses européennes, comme en témoigne la tonalité des publications transatlantiques depuis l'arrivée de Trump au pouvoir[46]. Les Européens se demandent toujours si Washington revient réellement à sa position historique (post-1945) d'acteur sécuritaire majeur en Europe. Certes, les Européens de l'Est ont accueilli très favorablement le renforcement de la présence américaine dans la région. Il reste que de nombreux observateurs se demandent si l'initiative de dissuasion européenne n'est pas destinée avant tout à fournir un débouché à l'*US Army* (armée de terre, moins sollicitée côté indopacifique) ainsi qu'aux industries de défense américaines, masquant une tendance inéluctable de long terme au désengagement américain.

La plupart de ces publications transatlantiques[47] considèrent Trump comme le symptôme, et non la cause d'une évolution fondamentale de la relation transatlantique : les États-Unis ont commencé sous Obama à se détourner de l'Europe, pour des raisons liées à l'évolution des relations internationales (déplacement du centre de gravité vers l'Asie), et au déclin relatif de la puissance et des moyens américains, qui les oblige à des choix (le pivot)[48]. L'injonction de Washington aux

44 « The U.S. and Europe: Strengthening Western Alliances », Remarks by Rex W. Tillerson, Secretary of State, The Wilson Center, Washington, DC, 28 novembre 2017. Rappelons la conclusion de ce discours de Tillerson: « le prochain chapitre de l'histoire européenne devra être écrit par l'Europe elle-même ».

45 Entretiens de l'auteur au Congrès, 28 novembre-1er décembre 2017.

46 Voir par exemple : Jeremy Shapiro, Dina Pardijs, *The Transatlantic Meaning of Donald Trump: A US-EU Power Audit*, ECFR, September 2017. « In spite of it all, America: A Transatlantic Manifesto in Times of Donald Trump – a German Perspective », *The New York Times*, 11 octobre 2017. Hans Kundnani, Jana Puglierin, *Atlanticist and Post-Atlanticist Wishful Thinking*, GMF Policy Essay, janvier 2018. Thomas Wright, *A Post-American Europe and The Future of U.S. Strategy*, Brookings, décembre 2017. Xenia Wickett, *Transatlantic Relations: Converging or Diverging*, Chatham House Report, janvier 2018. James Goldgeier, "Less Whole, Less Free, Less at Peace: Wither America's Strategy for a Post-Cold War Europe?" *War on the Rocks*, 12 février 2018.

47 Voir note précédente.

48 Voir Maya Kandel, « Le regard américain sur la PSDC et l'Europe de la Défense », *in L'Europe de la Défense Post-Lisbonne : Illusion ou défi ?*, sous la direction du Général Jean-Paul Perruche, Paris, Études de l'IRSEM, 2011, pp.213-237.

Européens pour qu'ils dépensent davantage est une constante des rapports transatlantiques depuis plusieurs décennies. En revanche, l'idée que les Européens doivent se défendre seuls n'était apparue, on l'a dit, qu'en 2012 dans le document stratégique du Pentagone évoqué ci-dessus.

Mais de nombreux Européens dépendent toujours, ou préfèrent dépendre, des États-Unis pour leur sécurité ; tandis que l'inverse n'est évidemment pas vrai. Cette asymétrie demeure le trait fondamental de la relation transatlantique. La majeure partie des pays européens préfèrent rester dans le schéma classique qui leur convient beaucoup mieux – quitte à faire aujourd'hui un effort supplémentaire de dépenses militaires en achetant américain, comme la Pologne[49]. Tout cela explique pourquoi la réaction dominante face à Trump a été l'effet « régence » décrit par Jeremy Shapiro et Dina Parijs de l'ECFR, c'est-à-dire des Européens qui, bien qu'horrifiés par Trump, font le dos rond, achètent des armes ou flattent le président américain, en espérant que les « régents » (« les adultes ») autour de Trump garantissent la survie de l'OTAN et surtout celle de son article 5 – en attendant un futur président américain plus « classique »[50].

En dépit de ses ambitions affichées, le « manifeste allemand » rédigé par des experts en relations internationales en octobre 2017 ne s'éloigne en effet guère de cette ligne, bien que partant du constat d'un conflit d'intérêt existant désormais entre Allemands et Américains sur l'ordre international[51]. Décrivant Trump comme un président différent de la tradition politique américaine contemporaine, qui ne souscrit pas au consensus dominant de l'establishment américain de politique étrangère, les auteurs affirment cependant que les États-Unis restent indispensables et qu'aucun autre acteur ne peut offrir à l'Allemagne des avantages équivalents à ceux qu'elle retire de son alliance avec Washington : le camp occidental n'existe pas sans les États-Unis, déclare ainsi le manifeste, que ce soit comme concept ou réalité politique. Les auteurs concluent en proposant une stratégie de long-terme « qui construise dès maintenant des ponts vers une Amérique post-trumpienne » car le scepticisme actuel serait exceptionnel. En somme, les experts allemands refusent de voir les tendances de fond qui ont

....

49 Voir *U.S. Arms Sales Notifications: Comparison Between Trump and Obama*, sur le site du *Security Assistance Monitor* : https://securityassistance.org/fact_sheet/us-arms-sales-notifications-comparison-between-trump-and-obama.

50 Jeremy Shapiro, Dina Pardijs, *The Transatlantic Meaning of Donald Trump: A US-EU Power Audit*, ECFR, septembre 2017. Typologie amusante des trois effets Trump : les deux autres réactions voient en Trump soit le Messie, soit l'Antéchrist ; pour le 1er camp, Trump est un leader un vrai qui va restaurer l'Occident et ses valeurs chrétiennes ; pour les seconds, Trump est une figure à laquelle il faut s'opposer à tout prix.

51 Manifeste allemand: « In spite of it all, America: A Transatlantic Manifesto in Times of Donald Trump – a German Perspective ». Manifeste rédigé par 12 experts de la communauté de politique étrangère (think tanks allemands) traduit en anglais et publié dans le *New York Times* du 11 octobre 2017.

conduit au débat actuel américain : or, si Trump n'est pas l'Amérique, l'establishment de politique étrangère ne l'est pas davantage (et Trump est le président élu démocratiquement).

Une Europe post-américaine est-elle possible ?

Les Européens cherchent désormais à compartimenter leur politique vis-à-vis des Américains, le temps au moins de la présidence Trump. Or cette approche est problématique : compartimenter est-il justement possible avec Trump ? Dépendre des États-Unis pour sa sécurité, tout en s'opposant à eux sur le commerce, le climat ou l'accord sur le nucléaire iranien, n'est-ce-pas justement ce que le président américain dénonce ? Cela risque d'être particulièrement délicat pour l'Allemagne, qui est, aux yeux de Trump, l'un des pays les plus coupables de *free-riding*. Le climat qui règne aujourd'hui à Washington vis-à-vis de Berlin évoque l'attitude dominante à la fin des années 1980 vis-à-vis du Japon : on se souvient de cette phrase d'un parlementaire américain déclarant « la guerre froide est finie, le Japon l'a gagnée »[52].

Considérant l'engagement de Washington vis-à-vis de l'OTAN comme « l'exception plutôt que la règle », Thomas Wright, de la Brookings Institution, ne cachait pas son pessimisme dans un récent rapport sur l'avenir de la relation transatlantique[53]. Alors que le continent fait face à une série de défis existentiels, du Brexit à la Russie et au terrorisme en passant par la crise des réfugiés, l'érosion démocratique, ou le séparatisme régional, Washington est remarquablement absent des efforts destinés à résoudre ces crises. Or les Européens avaient déjà déclaré « l'heure de l'Europe » en 1991 pour gérer seuls la crise yougoslave, avant de s'en remettre à Washington pour surmonter leurs divisions et mettre fin à la guerre de Bosnie[54]. De même, Obama, qui croyait pouvoir laisser la gestion du conflit et surtout du post-conflit libyen aux Européens, ou avait voulu déléguer le dossier ukrainien à l'UE, avouait sa déception dans son entretien avec le journaliste Jeffrey Goldberg en 2016[55]. Cependant, si Wright prône un réinvestissement américain en Europe, il n'y croit guère, et s'inquiète des deux autres options qui se présentent à l'administration Trump : profiter des divisions européennes actuelles à court terme (pour vendre américain, des armes au gaz) ;

52 C'était aussi l'idée dominant la conclusion du livre par ailleurs magistral de l'historien Paul Kennedy, *The Rise and Fall of the Great Powers*, New York, Random House, 1987.
53 Thomas Wright, *A Post-American Europe and the Future of U.S. Strategy*, Brookings, décembre 2017.
54 Maya Kandel, *Mourir pour Sarajevo – Les États-Unis et l'éclatement de la Yougoslavie*, Paris, CNRS Éditions, 2013.
55 Jeffrey Goldberg, « The Obama Doctrine », *The Atlantic*, avril 2016.

se désintéresser des problèmes européens. On retrouve un pessimisme analogue dans le dernier rapport de Chatham House sur la relation transatlantique[56].

Il faut enfin noter que même les plus europhiles des Américains prônent toujours une « division du travail » entre Américains et Européens, même si celle-ci a évolué dans sa nature. Après la vision dominante des années 1990, qui voulait que les Américains se chargent des combats tandis que les Européens s'occupent du post-conflit, la vision actuelle semble désormais proposer que Washington s'occupe de Pékin pendant que les Européens gèrent les Russes, avec le soutien américain (hormis celui du président). Or un tel point de vue suppose soit un alignement des intérêts transatlantiques non seulement concernant la Russie mais aussi s'agissant de la Chine, deux points qui ne sont pas forcément évidents ; soit des Européens qui se mettraient au service des Américains en Asie en échange d'un maintien de leur garantie de sécurité en Europe[57]. Dans tous les cas, il s'agit d'une posture problématique. De ce point de vue, les pays européens ne peuvent aujourd'hui faire l'impasse sur une réflexion stratégique commune dans le nouveau contexte de compétition interétatique, ainsi que sur la dimension militaire de la puissance, symbole de sa dépendance aux États-Unis.

Conclusion

Les motifs d'inquiétude sont donc bien réels pour les Européens. Le premier est lié à l'incertitude résultant de la schizophrénie actuelle de Washington sur le dossier russe : alors que l'ensemble de l'Exécutif et du Congrès ont adopté depuis janvier 2017 des mesures qui concrétisent une posture générale plus agressive vis-à-vis de Moscou, à l'image des documents stratégiques officiels, le président Trump a multiplié déclarations et tweets élogieux à l'égard de Poutine et de la Russie, tout en répétant sa volonté de coopération « afin de faire du monde un endroit meilleur et plus sûr ». Écartelée entre ces deux pôles, la position américaine vis-à-vis de la Russie demeure de fait indéterminée.

On ne connaît pas (encore) avec certitude les raisons de l'affection de Trump pour Poutine. Plus essentiel ici est le fait que leurs visions du monde se rejoignent sur de nombreux points : tous deux voient les relations internationales comme un univers hobbesien de rapports de force, sans règles ni normes, et rejettent le multilatéralisme et les institutions internationales aujourd'hui en crise. Tous deux n'ont de cesse de critiquer l'Union européenne et l'OTAN, deux

56 Xenia Wickett, *Transatlantic Relations: Converging or Diverging,* Chatham House Report, janvier 2018.
57 James Goldgeier, « Less Whole, Less Free, Less at Peace: Wither America's Strategy for a Post-Cold War Europe? » *War on the Rocks*, 12 février 2018.

institutions fondatrices de « l'Occident » tel qu'on l'entend depuis la fin de la Seconde Guerre mondiale.

Ce qui inquiète dès lors n'est pas tant la fin de la centralité de la relation transatlantique dans la grande stratégie américaine – une évolution annoncée aux États-Unis depuis la fin de la guerre froide, et qui pourrait constituer un électrochoc salutaire pour les Européens. Le danger vient plutôt de cette convergence de vues entre Trump, Poutine et une vision alternative des relations internationales[58] promue par les populismes contemporains, de droite comme de gauche, et caractérisée par une obsession de la souveraineté ; le rejet du multilatéralisme et des institutions internationales ; la fermeture des frontières au commerce et à l'immigration.

L'évolution de la relation Trump-Poutine comptera. La multiplication de sommets chaleureux, par opposition à des divergences transatlantiques croissantes et affichées, pourrait accentuer la fracture entre internationalistes et nationalistes qui traverse aujourd'hui toutes nos sociétés. Elle renforcerait la portée et l'influence de cette vision alternative des relations internationales, au cœur du narratif russe : Poutine comme Trump attaquent les alliances et institutions constitutives de l'ordre international créé, soutenu et garanti par les États-Unis depuis 1945 dans le monde « libre » (non soviétique), et dont l'extension à l'ensemble de la planète est devenue à la fin de la guerre froide l'objectif de la politique étrangère américaine, de Bush père à Clinton puis à Bush fils. Poutine rejette cet ordre comme symbole de l'hégémonie américaine, Trump considère qu'il a bénéficié davantage aux concurrents, adversaires ou alliés, qu'aux États-Unis eux-mêmes. Pendant ce temps, la Chine prépare les institutions d'un nouvel ordre international, centré sur elle-même. Il n'est pas certain que l'Alliance atlantique y survive.

☑

Bibliographie

Ouvrages

Ambrose, Stephen et Brinkley, Douglas, *Rise to Globalism : American Foreign Policy since 1938*, New York, Penguin, 2010.

Bozo, Frédéric, *Deux stratégies pour l'Europe. De Gaulle, les États-Unis et l'Alliance atlantique (1958-1969)*, Paris, Plon, 1996.

Cullinane, Michael Patrick et Ryan, David (dir.), *U.S. Foreign Policy and the Other*, Oxford, Berghahn Books, 2015.

58 Olivier Schmitt, François Stéphane, « L'extrême-droite française contemporaine et le monde : une vision alternative des relations internationales », *Revue Interrogations*, n° 21, décembre 2015 [en ligne], http://revue-interrogations.org/L-extreme-droite-francaise.

Dueck, Colin, *Hard Line. The Republican Party and Foreign Policy Since World War II*, Princeton, NJ, Princeton University Press, 2010.

Goldgeier, James, *Not Whether but When: The US Decision to Enlarge NATO*, Washington, Brookings Institution Press, 1999.

Kandel, Maya, *Les États-Unis et le monde, de George Washington à Donald Trump*, Paris, Perrin, 2018.

Krebs, Ronald R., *Narrative and the Making of U.S. National Security*, Cambridge, Cambridge University Press, 2015.

McDougall, , Walter A., *Promised Land, Crusader State. The American Encounter with the World Since 1776*, New York, Houghton Mifflin, 1997.

Mandelbaum, Michael, *Mission Failure: America and the World in the Post-Cold War Era*, New York, Oxford University Press, 2016.

Mead, Walter Russell, *Special Providence: American Foreign Policy and How it Changed the World*, New York, Knopf, 2001.

Melandri, Pierre, *Le siècle américain, une histoire*, Paris, Perrin, 2016.

Rice, Condoleeza et Zelikow, Philip, *Germany Unified and Europe Transformed: A Study in Statecraft*, Cambridge, MA, Harvard University Press, 1995.

Sestanovich, Stephen, *Maximalist: America in the World from Truman to Obama*, New York, Alfred A. Knopf, 2014.

Shapiro, Jeremy et Wright, Thomas, *Allies At War - America, Europe and the Crisis Over Iraq*, New York, McGraw-Hill, 2004.

Snyder, Jack, *Myths of Empire: Domestic Politics and International Ambition*, Ithaca, Cornell University Press, 1991.

Wittkopf, Eugene R. et McCormick, James M., dir., *The Domestic Sources of American Foreign Policy. Insights and Evidence*, Boston, Rowman & Littlefield, 1999.

Zelizer, Julian, *Arsenal of Democracy: The Politics of National Security. From World War II to the War on Terrorism*, New York, Basic Books, 2010.

Articles et rapports

Biscop, Sven, "European Defence: What's in the CARDs for PESCO?" *Security Policy Brief N°91*, Egmont Institute, October 2017.

Blackwill, Robert et ,Gordon, Philip, « Containing Russia: How to Respond to Moscow's Intervention in U.S. Democracy and Growing Geopolitical Challenge », *Council on Foreign Relations* Special Report, janvier 2018.

Coelmont, Jo, « With PESCO Brought to Life, Will European Defence Live Happily Ever After? » *Security Policy Brief N°90*, Egmont Institute, juillet 2017.

Goldgeier, James, « Less Whole, Less Free, Less at Peace: Wither America's Strategy for a Post-Cold War Europe? », *War on the Rocks*, 12 février 2018.

Kandel, Maya, « Le regard américain sur la PSDC et l'Europe de la Défense », *in L'Europe de la Défense Post-Lisbonne : Illusion ou défi ?*, sous la direction du Général Jean-Paul Perruche, Paris, Études de l'IRSEM, 2011.

Kramer, Franklin D. et BINNENDIJK, Hans, « Meeting the Russian Conventional Challenge », rapport du 27 février 2018.

Kundnani, Hans et Puglierin, Jana, *Atlanticist and Post-Atlanticist Wishful Thinking*, GMF Policy Essay, janvier 2018.

Kunz, Barbara et Kempin, Ronja, « Washington Should Help Europe Achieve 'Strategic Autonomy,' Not Fight It », *War on the Rocks*, 12 avril 2018.

Mann, James, « The Adults in the Room », *The New York Review of Books*, 26 octobre 2017.

Pannier, Alice, « Between Autonomy and Cooperation: The Role of Allies in France's New Defense Strategy », *War on the Rocks*, 2 novembre 2017.

Pardijs, Dina et Shapiro, Jeremy, *The Transatlantic Meaning of Donald Trump : A US-EU Power Audit*, ECFR, septembre 2017.

Polykova, Alina et Boyer, Spencer Phipps, « The future of political warfare: Russia, the West, and the coming age of global digital competition », Brookings, mars 2018.

Schmitt, Olivier et STÉPHANE, Stéphane, François, « L'extrême-droite française contemporaine et le monde : une vision alternative des relations internationales », *Revue Interrogations*, n° 221, décembre 2015 [en ligne], http://revue-interrogations.org/L-extreme-droite-francaise.

Wickett, Xenia, *Transatlantic Relations: Converging or Diverging*, Chatham House Report, janvier 2018.

Wright, Thomas, *A Post-American Europe and The Future of U.S. Strategy*, Brookings, décembre 2017.

L'Asie-Pacifique dans le débat stratégique américain Obama, Trump et la montée en puissance de la Chine

Hugo Meijer*

Résumé

Au vu de l'importance croissante de l'Asie-Pacifique dans le débat stratégique américain, cet article vise à mettre en évidence les principales lignes de continuité et de rupture entre les politiques de défense des administrations Obama et Trump dans cette région et, en particulier, vis-à-vis de la montée en puissance de la Chine. Pour ce faire, il propose une comparaison systématique des principaux éléments constitutifs de la politique de défense américaine en Asie-Pacifique sous les deux présidences : leurs perceptions de la menace vis-à-vis de la Chine ; les objectifs politiques qui en découlent ; et la manière dont ces objectifs se sont concrétisés dans la (re)définition des alliances et des coopérations de défense ainsi que des capacités militaires-technologiques déployées en Asie-Pacifique. À cette fin, l'article mobilise un large éventail de sources primaires, y compris soixante-quinze entretiens semi-directifs menés avec de hauts responsables américains. Ce qui émerge de cette analyse est que, au-delà des slogans électoraux et des aléas de la « diplomatie de twitter », la politique de défense de l'administration Trump en Asie-Pacifique s'inscrit dans une évolution cumulative de long terme plus que dans une discontinuité radicale.

« La compétition entre grandes puissances, et non le terrorisme, est désormais le principal défi à notre sécurité nationale »[1]. L'ancien secrétaire à la Défense James N. Mattis synthétise ainsi la priorisation des défis sécuritaires par l'administration du président Donald J. Trump. Le terrorisme devient pour les États-Unis une menace secondaire par rapport aux risques liés à la compétition entre grandes puissances. En particulier, la montée en puissance de la Chine en Asie-Pacifique est identifiée comme l'un des plus importants défis, depuis l'effondrement de l'Union soviétique, à la prééminence mondiale des États-Unis

....

* Hugo Meijer est chargé de recherche au Centre de relations internationales (CERI) de Sciences Po Paris. Il est également directeur de l'*European Initiative on Security Studies* (EISS).

1 James N. Mattis, discours au Center for the National Interest, 25 juin 2018b. Voir également DoD, *Summary of the 2018 of the National Defense Strategy of the United States of America*, 2018, pp.1-2.

et à l'ordre international fondé sur des règles (*rules-based international order*) établies à la fin de la Seconde Guerre mondiale[2]. La *National Security Strategy* de 2017 présente la République populaire de Chine (RPC) comme une « puissance révisionniste » qui entend « défier la puissance, l'influence et les intérêts américains » à travers « une compétition politique, économique et militaire » et qui vise à modifier l'ordre international à son avantage[3]. En réponse à cette perception de la menace, l'administration Trump a poursuivi le renforcement de la présence américaine en Asie-Pacifique en s'appuyant sur des initiatives entreprises par les administrations précédentes[4].

Sous la présidence de George W. Bush, les États-Unis avaient entamé une graduelle réorientation de leur politique de défense vers l'Asie-Pacifique dès la première moitié des années 2000[5]. Ce « shift » vers l'Asie-Pacifique, selon les termes employés au sein de l'administration Bush, reposait sur deux piliers principaux : la révision du positionnement opérationnel dans le cadre de la *Global Posture Review* (GPR) de 2004, avec l'extension des bases américains à Guam, en Alaska et à Hawaii ainsi qu'un redéploiement de moyens navals en Asie-Pacifique ; et le maillage d'un réseau de coopérations de défense non seulement entre les États-Unis et leurs alliés et partenaires régionaux mais également entre ces derniers[6]. Néanmoins, dans le cadre de la « guerre contre le terrorisme » (*Global War on Terror*), les interventions militaires en Afghanistan et en Iraq avaient absorbé une portion considérable des ressources humaines et financières du Pentagone et avaient ainsi eu pour effet de faire passer l'Asie-Pacifique au second plan dans la hiérarchie de priorités de l'administration Bush[7].

2 Sur l'ordre international fondé sur des règles, voir John G. Ikenberry, *Liberal Leviathan : The Origins, Crisis, and Transformation of the American World Order*, Princeton, NJ, Princeton University Press, 2011 ; John G. Ikenberry, « The End of Liberal International Order? », *International Affairs*, vol.94, n°1, 2018, pp.7-23.

3 Maison Blanche, *The National Security Strategy of the United States of America*, décembre 2017, pp.2 et 27.

4 La « perception de la menace » est ici définie comme l'analyse des intentions et des capacités de la RPC faite par les différents acteurs participant à la formulation de la politique de défense américaine. Sur le concept de « perception de la menace » en Relations internationales, voir Janice Gross Stein, « Threat Perception in International Relations », dans Leonie Huddy, David O. Sears et Jack S. Levy dir., *The Oxford Handbook of Political Psychology*, Oxford, Oxford University Press, 2013.

5 Michael Green, *By More Than Providence : Grand Strategy and American Power in the Asia Pacific Since 1783*, New York, Columbia University Press, 2017, chapitres 13 et 14 ; Benjamin Jensen et Erik Shibuya, « The Military Rebalance as Retcon » dans Hugo Meijer dir., *Origins and Evolution of the US Rebalance toward Asia : Diplomatic, Military, and Economic Dimensions*, New York, Palgrave Macmillan, 2015, pp.81-106 ; Nina Silove, « The Pivot before the Pivot: U.S. Strategy to Preserve the Power Balance in Asia », *International Security*, vol.40, n°4, 2016, pp.45-88.

6 N. Silove, 2016.

7 M. Green, 2017, chapitre 14.

Le «*Pivot*» (ou *Rebalance*) vers l'Asie-Pacifique de l'administration Obama avait pour ambition de rééquilibrer la politique de défense (et plus largement la politique étrangère) des États-Unis, après une décennie de conflits en Iraq et en Afghanistan, en réorientant les priorités et les ressources des États-Unis vers la région du monde considérée comme stratégiquement la plus sensible et économiquement la plus dynamique[8]. En réduisant leur zone d'influence au Moyen-Orient et en Afghanistan, et en accroissant leurs engagements et leur présence en Asie-Pacifique, les États-Unis visaient à adapter leur outil diplomatico-militaire au déplacement du centre de gravité stratégique et économique mondial vers l'Asie-Pacifique[9]. Selon les termes de l'ancienne secrétaire d'État Hillary R. Clinton, «l'avenir de la politique sera décidé en Asie, pas en Afghanistan ou en Iraq, et les États-Unis seront au centre de l'action»[10]. Le comportement assertif de la Russie sur le flanc oriental de l'OTAN, la crise en Ukraine ainsi que l'émergence de Daech au Moyen-Orient avaient certes eu pour effet de compliquer ce rééquilibrage de la politique de défense américaine[11]. Néanmoins, le *Rebalance* – l'une des marques distinctives de l'héritage de Barack Obama en politique internationale – reposait sur une re-hiérarchisation des menaces et des régions clé pour la politique de défense américaine et pour le maintien de la prééminence des États-Unis dans la politique mondiale.

La «stratégie pour l'Indo-Pacifique» de l'administration Trump s'inscrit ainsi dans une dynamique de plus long terme qui voit la compétition stratégique croissante avec la Chine en Asie-Pacifique (et dans l'Indo-Pacifique plus largement) devenir graduellement la priorité structurante de la politique de défense américaine[12]. Se pose donc la question de savoir dans quelle mesure la politique

8 Sur le Pivot, ou Rebalance, voir Jeffrey Bader, *Obama and China's Rise : An Insider's Account of America's Asia Strategy*, Washington, DC, Brookings Institution Press, 2012 ; Kurt Campbell, *The Pivot: The Future of American Statecraft in Asia*, New York, NY, Twelve Publishers, 2016 ; Hugo Meijer dir., *Origins and Evolution of the US Rebalance toward Asia : Diplomatic, Military, and Economic Dimensions*, New York, Palgrave Macmillan, 2015. L'administration Obama avait d'abord employé le terme «Pivot» vers l'Asie afin de labéliser la politique régionale. Ce terme, cependant, avait suscité des inquiétudes chez un certain nombre d'alliés et de partenaires américains qui craignaient que cela implique un éloignement des États-Unis (un «*pivot away from*») de ses alliés en Europe ou au Moyen-Orient. L'administration Obama a donc décidé de rebaptiser le «Pivot» en «Rebalance» vers l'Asie-Pacifique afin de mettre en évidence le rééquilibrage de la politique américaine dans et vers cette région et non son éloignement de ses alliés dans d'autres régions. Les deux termes sont néanmoins utilisés comme synonymes dans le cadre de cet article. Voir K. Campbell, 2016.

9 John Kerry, «Exit Memo From Secretary Kerry to President Obama», Washington, DC, 5 janvier 2017; Hillary Clinton, «America's Pacific Century», *Foreign Policy*, 1er octobre 2011.

10 H. Clinton, 2011.

11 Minxin Pei, «America's Pivot Paradox : Ukraine, Syria, and Beyond», *The National Interest*, 24 avril 2014.

12 Sur la stratégie «Indo-Pacifique», voir Maison Blanche, «Remarks by President Trump at APEC CEO Summit», Da Nang, Viêt Nam, 10 novembre 2017; et département d'État, «Briefing on The

de défense en Asie-Pacifique de la présidence Trump serait du « *old wine in new bottles* » ou si elle a développé une approche régionale originale. Au vu de l'importance croissante de l'Asie-Pacifique dans le débat stratégique américain, cet article vise à mettre en évidence les principales lignes de continuité et de rupture entre les politiques de défense des administrations Obama et Trump dans cette région et, en particulier, vis-à-vis de la montée en puissance de la Chine[13]. Pour ce faire, il propose une comparaison systématique des principaux éléments constitutifs de la politique de défense américaine en Asie-Pacifique sous les présidences Obama et Trump, et notamment leurs perceptions de la menace vis-à-vis de la Chine; les objectifs politiques qui en découlent; et la manière dont ces objectifs se sont concrétisés dans la (re) définition des alliances et des coopérations de défense ainsi que des capacités militaires-technologiques déployées en Asie-Pacifique (positionnement opérationnel et innovation technologique)[14]. L'organisation thématique de l'article permet de mettre en lumière les similarités et dissimilarités entre les deux administrations dans ces différents domaines.

En raison de l'asymétrie dans la disponibilité de sources primaires pour les deux administrations[15], les types de sources mobilisés sont distincts. Alors que l'analyse de la politique de défense de l'administration Trump repose principalement sur des discours publics, des auditions parlementaires et des documents officiels, celle de l'administration Obama mobilise également un large éventail d'entretiens semi-directifs.[16] Ce qui ressort de cette analyse est que, si

Indo-Pacific Strategy », Salle des correspondants de presse, Washington, DC, 2 avril 2018.

13 Celle-ci ne constitue certes pas l'unique enjeu sécuritaire auquel sont confrontés les États-Unis en Asie-Pacifique. Le programme nucléaire de la Corée du Nord – et les risques de prolifération qu'il entraine – ainsi que les défis sécuritaires « non-traditionnels », tels que la piraterie et le terrorisme en Asie du Sud-Est, sont également des enjeux importants de la politique étrangère et de défense des États-Unis dans la région. Néanmoins, comme cet article entend le démontrer, la montée en puissance de la Chine est le principal élément structurant la politique de défense des États-Unis en Asie-Pacifique. C'est pourquoi cet article se focalise sur l'évolution de la politique de défense américaine dans la région à travers le prisme de la montée en puissance de la Chine.

14 Au vu de la thématique de ce numéro spécial, cet article se focalise sur l'analyse de la politique de défense, et n'examine pas d'autres dimensions de la politique étrangère américaine en Asie-Pacifique, telle que la diplomatie commerciale. L'argument central de cet article, à savoir la continuité importante entre les politiques de défense des administrations Obama et Trump, est donc limité à ce secteur d'action étatique. Comme nous le soulignons en conclusion, d'autres facettes de la politique étrangère américaine (notamment la diplomatie commerciale) sont caractérisées par des discontinuités plus importantes. L'évolution du positionnement nucléaire américain est analysé dans la contribution de Corentin Brustlein à ce numéro spécial.

15 Outre les temps de déclassification (qui contraignent considérablement l'éventail de sources disponibles), la présidence Obama a duré 8 ans alors que, au moment de la rédaction, l'administration Trump est dans sa deuxième année.

16 Entre janvier 2016 et juin 2018, soixante-quinze entretiens ont été menés avec d'anciens *political appointees* et des fonctionnaires de carrière, dans l'administration Obama, chargés des affaires politico-militaires et de l'Asie Pacifique à la Maison Blanche/Conseil de sécurité nationale (*National Security Council/NSC Staff*), le département d'État (DoS) et le département

les perceptions de la menace et les objectifs de politique de défense ont connu une évolution (mesurée) d'une administration à l'autre, la gestion tant du réseau d'alliances et des coopérations de défense que des capacités militaires déployées en Asie-Pacifique se caractérisent – au-delà des slogans et de la « diplomatie de *twitter* » du président Trump – par une substantielle continuité[17].

Perceptions de la menace vis-à-vis de la Chine

Les perceptions de la menace sont un déterminant clé des politiques de défense. Comme nous le verrons ci-dessous, les hauts responsables de l'administration Obama concevaient la montée en puissance de la Chine comme une menace géographiquement circonscrite à l'Asie-Pacifique, notamment en raison de l'écart capacitaire entre les forces armées américaines et chinoises. Les perceptions de la menace des hauts responsables de l'administration Trump, selon les documents disponibles, semblent avoir partiellement évolué. À la lumière de l'accroissement des capacités militaires de la RPC et de son comportement plus agressif et ambitieux, si la montée en puissance de la Chine est toujours perçue comme une menace régionale à court terme, la dimension mondiale du défi qu'elle pose à la prééminence américaine (sur le moyen-long terme) est désormais mise clairement en avant.

L'administration Obama

Sous l'administration Obama, les principaux responsables politiques (*political appointees*) au sein de la Maison Blanche, des départements d'État et de la Défense ainsi que des services de renseignement partageaient l'analyse – à des degrés différents – selon laquelle la montée en puissance de la Chine posait un

de la Défense (DoD) et les services de renseignement. Au NSC, les positions des interviewés incluent les *senior directors* et les conseillers spéciaux du président ; au Département d'État et au Pentagone, les positions occupées par les interviewés vont du sous-secrétaire adjoint (*Assistant Secretary*) au niveau du vice-secrétaire (*Deputy Secretary*). Outre les *political appointees*, des entretiens ont été menés avec des fonctionnaires de rang inférieur, tels que des conseillers politiques auprès des *political appointees* et des directeurs régionaux (*Country Directors*). Au sein des services de renseignement, les entretiens ont été menés avec des fonctionnaires de la Central Intelligence Agency ainsi qu'avec un ancien Directeur du renseignement national (*Director of National Intelligence*, DNI). Les informations fournies par les personnes interrogées ont été systématiquement triangulées avec d'autres entretiens afin de garantir la contextualisation et la fiabilité des données recueillies. Toutes les personnes citées dans cet article ont donné leur accord préalable pour être citées. Celles qui n'ont pas donné leur accord pour être citées ont été anonymisées. Les citations des entretiens (ainsi que celles des déclarations et documents publiques) utilisées dans cet article ont été traduites librement par l'auteur.

17 Peter Layton, « Trump's Twitter Diplomacy Troubles U.S.-China Relations », *East Asia Forum*, janvier 2017.

défi grandissant à la prééminence américaine mais que cette menace demeurait néanmoins limitée à la région Asie-Pacifique.

À la Maison Blanche, comme l'explique Jeffrey Bader, l'ancien assistant spécial du président Obama et directeur pour les affaires asiatiques au Conseil de sécurité nationale, la Chine donnait l'impression qu'elle « cherch[ait] à compenser son désavantage militaire en réponse à ce qu'elle considérait, à juste titre, comme une supériorité militaire américaine dans tous les scénarios sensibles pour la Chine » (tels que Taïwan, la mer de Chine orientale et la mer de Chine méridionale)[18]. Néanmoins, Bader considérait que « la Chine ne disposait pas des capacités nécessaires pour repousser les États-Unis hors d'Asie » et qu'il serait « absurde de penser que c'était un objectif que la Chine pourrait atteindre dans un futur proche », compte tenu de la supériorité militaire conventionnelle américaine[19].

De même, au département d'État, selon l'ancien sous-secrétaire d'État adjoint à l'Asie-Pacifique et l'un des architectes du Pivot, Kurt Campbell, la Chine était « très réticente à contester directement la position américaine en Asie, préférant plutôt développer une stratégie aux multiples facettes (*multifaceted*) et nuancée »[20]. De son point de vue, la RPC était constamment engagée dans des actions à faible intensité et à faible risque visant à sonder la crédibilité des engagements américains dans la région et la solidité de leurs alliances[21]. Son adjoint, Nirav Patel, confirme la perception que la Chine avait « l'intention stratégique (*strategic intent*) non pas de repousser les États-Unis [hors de la région] du jour au lendemain mais de créer des conditions qui réduiraient inévitablement l'influence et le leadership des États-Unis dans la région Asie-Pacifique »[22].

Les hauts responsables du Pentagone partageaient cette même analyse mais mettaient plus nettement l'accent sur la volonté hégémonique (régionale) de la RPC. Pour David Shear, sous-secrétaire à la Défense adjoint à l'Asie-Pacifique, « l'objectif chinois dans la région était très clair. [...] Ils souhaitaient l'établissement d'un ordre sécuritaire hiérarchique sino-centrique avec la Chine au sommet et une présence américaine nettement réduite, en particulier dans la première chaîne d'îles, mais de préférence jusqu'à la deuxième chaîne d'îles »[23]. L'ambition hégémonique de la RPC restait limitée, selon cette analyse,

....

18 Entretien, 7 mars 2017.

19 *Ibid.*

20 Entretien, 16 mai 2017.

21 *Ibid.*

22 Entretien, 24 octobre 2017. Nirav Patel était vice-sous-secrétaire d'État adjoint à l'Asie-Pacifique et ensuite Conseiller principal de Kurt Campbell.

23 Entretien, 13 octobre 2017. La « première chaîne d'îles » va du Japon à Taïwan et des Philippines à l'Indonésie. La « seconde chaîne d'îles » s'étend au sud et à l'est du Japon, jusqu'au-delà de

à l'Asie-Pacifique. Michele Flournoy, ancienne sous-secrétaire à la politique de défense, explique que le Pentagone se focalisait en particulier sur les capacités chinoises spécifiquement conçues pour empêcher ou compliquer la projection de force américaine dans la région – les capacités dites de déni d'accès/déni de zone (*anti-access/area-denial*, A2AD)[24] – mais que celles-ci représentaient une menace pour les intérêts américains à l'échelle régionale et non pas mondiale :

> Le fait que la modernisation militaire de la Chine puisse saper ou éroder la prééminence militaire américaine au niveau mondial n'était pas source d'inquiétude. L'inquiétude était vraiment régionale. Personne ne s'attendait à ce que la Chine devienne un compétiteur mondial ou un hégémon mondial [...] en raison de l'écart capacitaire (*capability gap*), du moins en termes conventionnels. [...] Mais dans la région Asie-Pacifique, la Chine prenait certainement toutes les mesures nécessaires pour tenter de nous concurrencer au niveau régional et, dans le moyen-long terme, de supplanter les États-Unis en tant que puissance dominante[25].

Les services de renseignement partageaient l'idée, selon l'ancien directeur du renseignement national, l'amiral Dennis Blair, que la menace chinoise était limitée à la région Asie-Pacifique :

> L'hypothèse commune [dans la communauté du renseignement] était que la Chine cherchait à dominer et/ou à exercer une influence dominante sur ce qu'elle appelait la première chaîne d'îles. [...] Nous ne voyions aucune ambition chinoise réaliste de défier les États-Unis à l'échelle mondiale et de devenir une superpuissance mondiale[26].

Les perceptions de la menace des hauts responsables de l'administration Obama divergeaient ainsi partiellement quant à l'objectif poursuivi de la RPC vis-à-vis des États-Unis. Selon certains, Pékin visait à les repousser hors de l'Asie-Pacifique afin d'établir une hégémonie régionale. Selon d'autres, cet objectif était irréaliste en raison de l'important écart capacitaire entre les deux pays, et c'est pourquoi la Chine poursuivait une approche prudente et sélective. Néanmoins, ces perceptions convergeaient autour de l'idée que, même si la montée en puissance de la RPC posait un défi majeur pour les États-Unis, celui-ci demeurait néanmoins limité à la région Asie-Pacifique et ne constituait pas une menace directe à la prééminence américaine à l'échelle mondiale.

Guam dans l'océan Pacifique occidental, et le long des îles Bonin, des îles Marianas, des îles Carolines et de l'Indonésie.

24 Les capacités de déni d'accès (*access denial*) sont les capacités et les concepts opérationnels visant à dissuader ou à dénier l'entrée de forces ennemies sur un théâtre d'opérations ; le déni de zone (*area denial*) se réfère à la limitation de la liberté d'action d'un ennemi sur un théâtre d'opérations.

25 Entretien, 13 mars 2017.

26 Entretien, 3 novembre 2017.

L'administration Trump

Les déclarations publiques, les auditions parlementaires et les documents officiels publiés par l'administration Trump mettent en évidence le fait que celle-ci partage les préoccupations de l'administration Obama quant aux implications régionales de la montée en puissance de la Chine. Cependant, si le défi posé par la RPC est perçu comme étant largement circonscrit au niveau régional dans le court-terme, l'administration Trump semble néanmoins accorder davantage d'importance à la portée mondiale des ambitions chinoises sur le moyen-long terme que l'administration Obama.

Dans son rapport sur la stratégie et les capacités militaires de l'Armée populaire de libération (APL), le Pentagone indique que si la Chine possède des capacités d'A2/AD dans la première chaine d'îles, au fur et à mesure qu'elle développe ses capacités de projection de puissance au-delà de la première chaîne d'îles dans d'autres régions, cela lui permet simultanément d'étendre les capacités A2/AD à la deuxième chaîne d'îles[27]. Au-delà de ces ambitions régionales, la *National Security Strategy* affirme que si la Chine, en tant que « puissance révisionniste », cherche d'abord « à supplanter les États-Unis dans la région Indo-Pacifique », « elle aspire, à terme, à une projection de puissance à l'échelle mondiale »[28]. De même, selon les termes du résumé non-classifié de la *National Defense Strategy* de 2018, la Chine poursuit « un programme de modernisation militaire qui vise à atteindre une hégémonie régionale dans l'Indo-Pacifique à court terme et à supplanter les États-Unis pour atteindre la prééminence mondiale dans le futur »[29]. L'Amiral Phil Davidson, l'officier général commandant les forces américaines dans l'Indo-Pacifique (PACOM), confirme l'analyse selon laquelle l'objectif de RPC serait l'établissement d'une « hégémonie régionale » mais que, « alors que ses forces armées se concentrent essentiellement sur la région [Asie-Pacifique], la Chine aspire à une projection de puissance mondiale »[30].

Sur la base des sources disponibles, les perceptions de la menace vis-à-vis de la RPC sous la présidence Obama et Trump se caractérisent donc par une discontinuité partielle. La montée en puissance de la RPC est considérée, dans le court terme, comme une menace géographiquement circonscrite à l'Asie-Pacifique mais non pas (encore) comme un défi mondial à la prééminence des

27 DoD, *Military and Security Developments Involving the People's Republic of China 2018*, Bureau du secrétaire à la Défense, 2018b, p.59.

28 Maison Blanche, 2017, pp.25, 45.

29 DoD, 2018, p.2.

30 Philip Davidson, « Advance Policy Questions for Admiral Philip Davidson », Commission des forces armées du Sénat, 17 avril 2018, pp.13, 15, 19.

États-Unis. Cependant, par rapport à leurs prédécesseurs, les hauts responsables de l'administration Trump mettent un accent plus marqué sur la dimension globale des ambitions chinoises sur le moyen-long terme. En somme, les perceptions de la menace vis-à-vis de la Chine des hauts responsables de l'administration Trump semblent relativement plus aigues que sous l'administration Obama.

Les objectifs politiques

Ces différences de perception ont eu une incidence sur la formulation des objectifs de la politique de défense des administrations Obama et Trump. Les deux ont cherché à rassurer les alliés des États-Unis dans la région et à dissuader tout comportement agressif ou coercitif de la part de la RPC dans le cadre d'un objectif plus large de politique étrangère : influencer la trajectoire de la montée en puissance de la Chine, à partir d'une position de force, par un mélange de coopération et de compétition. Cependant, en réponse à une politique régionale de la Chine plus assertive, la perception de la menace sous l'administration Trump s'est partiellement intensifiée. Par conséquent, celle-ci a mis davantage l'accent sur le caractère compétitif de la rivalité stratégique entre les États-Unis et la Chine.

L'administration Obama

La politique de défense est une composante de la politique étrangère, à laquelle elle est subordonnée[31]. Afin de saisir les objectifs de la première il est nécessaire d'appréhender les finalités de la seconde. L'objectif ultime de la politique étrangère de l'administration Obama consistait à maintenir la prééminence américaine dans la politique mondiale et à défendre l'ordre international fondé sur des règles, un système de normes et d'institutions établi à la fin de la Seconde Guerre mondiale – reflétant les intérêts et préférences des États-Unis –, telles que le libre-échange, la liberté de navigation et de survol et la résolution pacifique des différends internationaux[32]. En Asie-Pacifique, afin de répondre au défi régional posé par la RPC, cet objectif se traduisait de la manière suivante. L'administration Obama visait à influencer, à partir d'une position de prééminence, la trajectoire de la montée en puissance de la Chine par des incitations

31 Sur les interactions et influences réciproques des objectifs de politique étrangère et de défense, voir Jean Joana et Hugo Meijer, « La politique étrangère, les études stratégiques et la guerre » dans Christian Lequesne et Hugo Meijer dir., *La politique étrangère : approches disciplinaires*, Montréal, Presses de l'Université de Montréal, 2018.

32 Antony Blinken, « US-China Relations : Strategic Challenges and Opportunities », témoignage du vice-secrétaire d'État devant la Commission des Affaires étrangères du Sénat, Washington, DC, 27 avril 2016 ; Daniel Russel, « Maritime Disputes in East Asia », témoignage du sous-secrétaire d'État adjoint à l'Asie-Pacifique devant la Commission des Affaires étrangères de la Chambre des représentants, Washington, DC, 5 février 2014.

positives et négatives : un mélange de coopération et d'engagement diplomatico-économique d'une part, et de dissuasion et concurrence militaire de l'autre. Il s'agissait ainsi d'inciter la RPC à s'intégrer dans l'ordre international fondé sur des règles (et dominé par les États-Unis), tout en dissuadant Pékin de mener des actions susceptibles de déstabiliser cet ordre international.[33]

C'est dans le cadre de cet objectif général que s'inscrivait la politique de défense de l'administration Obama. Celle-ci visait à transmettre à Pékin des incitations négatives en renforçant, comme nous le verrons plus bas, le réseau d'alliances et de coopération de défense des États-Unis dans la région, en diversifiant leur positionnement de défense et en cherchant à asseoir leur prééminence militaire-technologique. Ce faisant, l'objectif était, selon l'assistant spécial du président Obama et directeur pour les affaires asiatiques au Conseil de sécurité nationale, Jeffrey Bader, de « maintenir notre prépondérance et de démontrer à nos alliés et partenaires notre détermination quant à la continuité de notre engagement et à la crédibilité de notre système d'alliances de manière à rassurer nos alliés et à dissuader les adversaires, notamment la Chine. [...] Les États-Unis doivent être capables de l'emporter dans tout scénario militaire dans lequel nous avons des intérêts stratégiques — et cela requiert d'être la puissance militaire prééminente »[34]. Cette finalité était cohérente avec les « objectifs militaires nationaux » établis par l'administration Obama qui consistaient à « renforcer le réseau mondial d'alliances et de partenariats de défense » et à « dissuader, nier (*deny*) et vaincre les adversaires étatiques » des États-Unis »[35].

La politique de défense de l'administration Obama était donc subordonnée à un objectif plus large de politique étrangère. Elle visait spécifiquement à garantir la stabilité régionale, à rassurer les alliés et partenaires des États-Unis sur la crédibilité des engagements américains dans la région et à dissuader tout comportement agressif ou coercitif de la RPC. Ceci était considéré comme fonctionnel à l'objectif premier consistant à défendre l'ordre international fondé sur des règles et à influencer la trajectoire de la montée en puissance de la Chine

....

33 A. Blinken, 2016 ; D. Russel 2014 ; David Shear, « U.S.-China Relations : Maximizing The Effectiveness of the Strategic and Economic Dialogue », témoignage du vice-sous-secrétaire d'État adjoint à l'Asie-Pacifique devant la Commission des Affaires étrangères de la Chambre des représentants, DC, 10 septembre 2009. Pour une analyse plus détaillée, voir Hugo Meijer « Le Pivot dans le Pivot. La politique étrangère américaine en Asie du Sud-Est », dans Antoine Coppolani et Pierre Journoud dir., *Un triangle stratégique à l'épreuve. Les relations entre les États-Unis, la Chine et l'Asie du Sud-Est, de 1945 à nos jours*, Montpellier, Presses universitaires de la Méditerranée, à paraître, 2019.

34 Entretien, 7 mars 2017. Voir également David Shear, Déclaration du sous-secrétaire d'État adjoint à l'Asie-Pacifique devant la Commission des Affaires étrangères de la Chambre des représentants, Washington DC, 13 mai 2015.

35 DoD, *The National Military Strategy of the United States of America*, 2015, p.5.

dans cet ordre international, à partir d'une position de force et à travers un mélange de coopération et de concurrence.

L'administration Trump

L'intensification relative de la perception de la menace sous la présidence Trump, par rapport à celle de l'administration Obama, s'est traduite par un recalibrage partiel des objectifs de la politique de défense américaine. D'une part, l'administration Trump a poursuivi l'approche consistant à combiner un mélange d'incitations positives et négatives (de coopération diplomatico-économique et de compétition militaire) afin d'influencer, à partir d'une position prééminente, la trajectoire de la montée en puissance de la Chine et de préserver l'ordre international fondé sur des règles. La volonté de rassurer les alliés et de dissuader la Chine affichée par l'administration Trump est cohérente avec cet objectif. De l'autre, elle a mis davantage l'accent sur la dimension compétitive de la relation sino-américaine.

Dans la continuité de la politique mise en place par l'administration Obama, l'ancien secrétaire à la Défense, le général James Mattis, a souligné que les États-Unis souhaitent « renforcer l'ordre international fondé sur des règles » qui repose, précisément comme l'indiquaient ses prédécesseurs, « sur certains principes [tels que] le respect du droit international [...] et la liberté de navigation et de survol, y compris l'ouverture des voies maritimes au profit du commerce international »[36]. C'est dans le cadre de cet objectif général de protection de l'ordre international fondé sur des règles que s'articule la « stratégie pour l'Indo-Pacifique libre et ouvert » de l'administration Trump[37]. Il s'agit d'assurer que, dans cette région, les pays soient libres de toute contrainte et capables de protéger leur souveraineté ; et qu'elle soit une région « ouverte » où sont garanties la liberté de navigation et la résolution pacifique des conflits[38].

Même si l'administration Trump continue de souligner sa volonté de coopérer avec la Chine au sein de cet ordre international[39], la *National Security Strategy* manifeste une certaine désillusion par rapport à l'objectif poursuivi par les administrations précédentes de chercher à promouvoir l'intégration de la Chine

36 James N. Mattis, Discours du secrétaire à la Défense au Shangri-La Dialogue, Singapour, 3 juin 2017.

37 Randall Schriver, « American Leadership in the Asia-Pacific », Témoignage du sous-secrétaire à la Défense adjoint à l'Asie-Pacifique devant la Commission des Affaires étrangères du Sénat, 15 mai 2018, p.1.

38 R. Shriver, 2018 ; Alex Wong, « Briefing on The Indo-Pacific Strategy », Briefing spécial du vice-sous-secrétaire d'État adjoint à l'Asie-Pacifique, Washington, DC, 2 avril 2018.

39 J. Mattis, 2017 ; R.Schriver, 2018, p.5.

dans cet ordre international[40]. De même, selon le vice-président Mike Pence, les États-Unis avaient auparavant « espéré que la libéralisation économique inciterait la Chine à entrer dans un partenariat avec nous et avec le reste du monde. Mais, au contraire, la Chine a choisi l'agression économique, qui a à son tour alimenté sa montée en puissance militaire »[41].

L'administration Trump met désormais l'accent, plus que celle de Barack Obama, sur la dimension concurrentielle de la relation des États-Unis avec cette puissance désormais considérée comme révisionniste. Comme l'indique le sous-secrétaire à la Défense adjoint à l'Asie-Pacifique, Randall Schriver, les États-Unis « ne tolèreront pas les politiques ou les actions [chinoises] qui menacent de saper l'ordre international fondé sur des règles [...]. Nous soutiendrons et défendrons cet ordre [...] et bien que nous nous soyons engagés à coopérer avec la Chine lorsque nos intérêts s'alignent, nous la concurrencerons vigoureusement là où nos intérêts divergent »[42].

Plus explicitement, la *National Defense Strategy* (NDS) souligne que les États-Unis visent à « élargir l'espace concurrentiel (*competitive space*) en prenant l'initiative pour affronter nos adversaires »[43]. Il s'agissait ainsi de « concurrencer, dissuader et vaincre » les compétiteurs stratégiques de long terme[44]. Selon l'officier général commandant les forces américaines du Pacifique (le *Pacific Command*, PACOM, rebaptisé *Indo-Pacific Command*), l'Amiral Phil Davidson, cet objectif se traduit de la manière suivante en Asie-Pacifique :

> Si les États-Unis restent déterminés à coopérer avec la Chine, [...] il est de plus en plus évident que [...] la Chine sape l'ordre international fondé sur des règles. Nous devons être prêts à coopérer avec la Chine là où nous le pouvons, tout en affrontant la Chine de manière cohérente et sans réserve lorsqu'elle adopte un comportement qui sape l'ordre international ou nuit aux intérêts américains dans la région[45].

En synthèse, tant sous l'administration Obama que sous l'administration Trump, l'objectif central de la politique de défense américaine en Asie-Pacifique est toujours de rassurer les alliés et partenaires régionaux des États-Unis et de dissuader tout comportement agressif ou coercitif de la part de la RPC (et, en cas de conflit, de la vaincre). Cependant, dans le cadre de l'objectif plus large de politique étrangère visant à influencer la trajectoire de la montée en puissance

40 Maison Blanche, 2017, p.25.
41 Mike Pence, « Remarks by Vice President Pence on the Administration's Policy Toward China », The Hudson Institute Washington, D.C., 4 octobre 2018.
42 R. Schriver, 2018.
43 DoD, 2018, pp.4-5.
44 *Ibid.*, pp.1 et 5.
45 P. Davidson, 2018, p.14.

de la Chine par un mélange d'incitations négatives et positives, l'administration Trump a mis davantage l'accent sur la dimension concurrentielle de la relation sino-américaine.

Alliances et coopérations de défense

Malgré ces discontinuités relatives entre les deux administrations en termes de perceptions de la menace et d'objectifs politiques, la présidence Trump a néanmoins poursuivi le maillage d'une architecture de sécurité en réseau qui avait été développée sous l'administration de Barack Obama (et, avant lui, de George W. Bush). La gestion des alliances et des coopérations de défense en Asie-Pacifique par l'administration Trump se caractérise donc par une continuité substantielle. Vraisemblablement, à ce jour, l'évolution cumulative dans les perceptions de la menace vis-à-vis de la Chine n'a pas (encore) été à même d'engendrer une révision majeure du système d'alliances des États-Unis dans la région.

L'administration Obama

À l'aube de la guerre froide, les États-Unis établirent un système d'alliances bilatérales communément dénommé le « *hub-and-spokes system* » (ou réseau en étoile) comprenant cinq alliances de défense mutuelle (avec l'Australie, le Japon, la Corée du Sud, la Thaïlande et les Philippines) et au sein duquel les différents alliés (ou « rayons », *spokes*) étaient connectés au *hub* américain mais avec peu d'interactions entre eux[46]. S'appuyant sur des initiatives entreprises sous la présidence de George W. Bush[47], l'administration Obama a cherché à reconfigurer ce système d'alliance strictement bilatérales en mettant en place une « architecture de sécurité en réseau », un maillage beaucoup plus dense de coopérations bilatérales, minilatérales et multilatérales entre les États-Unis et leurs alliés et partenaires régionaux mais également entre ces derniers[48].

Sans entrer dans le détail de chacune de ces initiatives, il s'agit ici de mettre en évidence la manière dont Washington a promu le développement d'un réseau de coopérations de défense à géométrie variable. Sur le plan bilatéral,

46 Victor Cha, « Powerplay : Origins of the U.S. Alliance System in Asia », *International Security*, vol.34, n°3 (2009/10), pp.158-196 ; Victor Cha, *Powerplay : The Origins of the American Alliance System in Asia*, Princeton, NJ, Princeton University Press, 2016.

47 M. Green, 2017, chapitre 14; N. Silove, 2016.

48 Ashton Carter, « Asia-Pacific's Principled Security Network », discours du secrétaire à la Défense au Shangri-La Dialogue, Singapour, 4 juin 2016; Ashton Carter, « America's Growing Security Network in the Asia-Pacific », Council on Foreign Relations, New York, 8 avril 2016b; Daniel Russel, 2016, « AP4.0, an Operating System for the Asia-Pacific Region », discours du sous-secrétaire d'État adjoint à l'Asie-Pacifique, CSIS, Washington, DC, 11 octobre 2016. Sur l'architecture de sécurité en réseau, voir Meijer 2019.

l'administration Obama a voulu renforcer – outre ses alliances bilatérales individuelles – la gamme de partenariats de défense bilatéraux notamment avec les Philippines, le Viêt Nam et Singapour, mais également en Asie du Sud avec l'Inde[49]. Pour ce faire, elle a investi dans des programmes tels que le *Military Education and Training Program* (IMET), le *Foreign Military Financing* (FMF) ou la *Maritime Security Initiative* (MSI)[50]. Elle visait à renforcer la capacité de ses partenaires en matière, par exemple, de connaissance du domaine maritime (*maritime domain awareness*) et à leur permettre de mieux résister à l'empiètement de la RPC, notamment en mer de Chine du Sud[51]. En outre, au vu de l'interdépendance croissante entre les océans Indien et Pacifique et considérant qu'il y avait convergence entre la politique « *Act East* » de New Delhi et le *Rebalance* américain vers l'Asie-Pacifique[52], l'administration Obama a poursuivi les efforts entamés par l'administration Bush visant à renforcer la coopération de défense avec l'Inde[53].

De plus, toujours en s'appuyant sur des initiatives engagées sous la présidence Bush, l'administration Obama a également continué de tisser des configurations minilatérales de coopération de défense, tels que les trilatéraux États-Unis/Japon/Australie et États-Unis/Japon/Corée et elle a également cherché à revigorer le quadrilatéral (dénommé *Quad*) entre les États-Unis, le Japon, l'Australie et l'Inde qui avait émergé au milieu des années 2000 mais qui avait perdu de l'élan à la fin de l'administration Bush[54]. Par exemple, l'administration Obama a encouragé l'intensification des réunions ministérielles et d'exercices militaires trilatéraux ; elle a également prôné et obtenu la signature d'un accord facilitant le partage de renseignement entre Séoul, Washington et Tokyo[55]. Enfin, les États-Unis ont accru leur présence dans les institutions multilatérales de la région (ASEAN et le Sommet d'Asie orientale) et, sur le plan politico-militaire, ils ont rejoint la Conférence élargie des ministres de la Défense de l'ASEAN (ADMM+) afin

49 *Ibid.*

50 DoS, « Expanded U.S. Assistance for Maritime Capacity Building », Fiche d'informations, Washington, DC, 16 décembre 2013.

51 Entretiens avec des hauts responsables du département d'État et du Pentagone, janvier 2017 -mars 2018.

52 DoD, *Asia-Pacific Maritime Security Strategy*, 2015b, p.28.

53 DoS, *U.S. Relations with India*, Bureau des Affaires d'Asie centrale et méridionale, Fiche d'informations, 9 octobre 2015 ; DoD, « Joint India-United States Statement on the Visit of Secretary of Defense Carter to India », 8 décembre 2016.

54 Sur le minilatéralisme en Asie-Pacifique, voir par exemple Victor Cha, « Complex Patchworks: U.S. Alliances as Part of Asia's Regional Architecture », *Asia Policy*, vol.11, 2011, pp.27-50 ; Richard Fontaine, « Networking Security in Asia », *The Washington Quarterly*, vol.40, n° 3, 2017, pp.45-62 ; Joel Wuthnow, « U.S. 'Minilateralism' in Asia and China's Responses: A New Security Dilemma? », *Journal of Contemporary China*, 2018, DOI : 10.1080/10670564.2018.1497916.

55 H. Meijer 2019.

de faciliter la coopération régionale dans divers domaines (comme la sécurité maritime par exemple)[56]. Ils ont également cherché à stimuler les coopérations de défense régionale par des exercices militaires multinationaux tels que Rim of the Pacific (RIMPAC) ou Cobra Gold[57].

En développant cette architecture de sécurité en réseau, et en renforçant la connectivité et la coopération entre ses alliés et partenaires, l'administration Obama visait à rassurer les pays de la région de la crédibilité de ses engagements et à dissuader la Chine de tout comportement agressif ou coercitif.[58] Ce faisant, l'objectif sous-jacent était de préserver l'ordre international fondé sur des règles qui repose sur ce système d'alliances et de coopérations de défense. Comme l'explique l'ancien sous-secrétaire à la politique de défense, James Miller, cette architecture de sécurité en réseau avait pour objectif de :

> Fournir non seulement une capacité de guerre (*warfighting capability*) plus forte mais également un moyen de dissuasion plus fort. L'objectif principal, fondamental, consiste donc à renforcer l'unité politique [entre alliés et partenaires] et à renforcer l'idée que tout adversaire ne sera pas en mesure de creuser un fossé entre les États-Unis et leurs alliés ou entre leurs alliés et partenaires. [...] L'objectif le plus important est la promotion et la préservation d'un ordre international fondé sur des règles[59].

À travers ce maillage d'alliances et de partenariats bilatéraux, de configurations minilatérales et de cadres multilatéraux de coopération de défense, l'administration Obama visait donc à consolider la présence américaine en Asie-Pacifique, à rassurer ses alliés et partenaires et à dissuader tout comportement agressif de la Chine tout en renforçant la capacité de ses partenaires à résister à l'empiètement chinois.

L'administration Trump

La gestion des alliances et des coopérations de défense des États-Unis en Asie-Pacifique par l'administration Trump s'inscrit, au moment de la rédaction, dans la continuité de l'administration Obama. Sous la présidence Trump, les États-Unis ont poursuivi le développement d'une architecture de sécurité en réseau en Asie-Pacifique dans l'objectif de dissuader – et, en cas de conflit, de vaincre – la République populaire de Chine. Néanmoins, la conscience accrue de

56 Voir Seng Tan, *Multilateral Asian Security Architecture : Non-ASEAN Stakeholders*, London, Routledge, 2015, chapiter 7.

57 Mira Rapp Hooper, « Interview with Admiral Gary Roughead – The Evolving Role of Military Exercise in Asia », Center for Strategic and International Studies, 4 mars 2015.

58 A. Carter, 2016, 2016 b ; D. Shear, 2015, p.5.

59 Entretien, 5 avril 2017.

la menace Chinoise et de la rivalité stratégique qui en découle s'est traduite par une extension de la zone de concurrence de l'Asie-Pacifique à l'Indo-Pacifique.

Selon l'ancien secrétaire à la Défense James N. Mattis, les États-Unis « continueron [t] à renforcer [leurs] alliances et partenariats dans l'Indo-Pacifique vers une architecture de sécurité en réseau (*networked security architecture*) capable de dissuader l'adversaire de procéder à des agressions, de maintenir la stabilité et d'assurer un accès libre aux domaines communs »[60]. Celle-ci se caractérise par les mêmes éléments constitutifs que sous l'administration Obama : alliances de défense mutuelle, partenariats bilatéraux, configurations minilatérales (tri -/ quadrilatérales) de coopération de défense et enceintes multilatérales[61].

Tout d'abord, l'administration Trump a souligné sa volonté de renforcer les alliances bilatérales en Asie-Pacifique – notamment avec le Japon, la Corée du Sud et l'Australie – et d'encourager l'accroissement de leur rôle dans la sécurité régionale, tout en cherchant à revigorer celles avec la Thaïlande et les Philippines[62]. Elle entend également renforcer et diversifier l'éventail de partenariats de défense en Asie du Sud-Est (avec l'Indonésie, la Malaisie, Singapour et le Viêt Nam) ainsi qu'en Asie du Sud avec l'Inde[63]. En particulier, en Asie du Sud-Est, à travers des programmes tels que la *Maritime Security Initiative* (lancée par l'administration Obama) et une enveloppe d'assistance de sécurité de $300 millions, Washington cherche à renforcer les capacités de ses partenaires à faire face à l'empiètement chinois en mer de Chine méridionale (ainsi qu'à d'autres défis sécuritaires tels que l'assistance humanitaire et le secours en cas de catastrophe)[64]. Avec New Delhi, l'administration Trump a affiché sa volonté de renforcer la coopération de défense bilatérale afin de faciliter l'interopérabilité et une coopération haut de gamme (*high-end*)[65]. Sur le plan minilatéral, l'administration Trump a également poursuivi l'effort, entrepris sous la présidence Obama, de revitalisation du *Quad*, l'arrangement de coopération de défense quadrilatéral entre les États-Unis, le Japon, l'Inde et l'Australie[66].

....

60 James N. Mattis, « Written Statement for the Record », Sous-commission d'affectation aux crédits de Défense du Sénat, 9 mai 2018, p.16.

61 Voir par exemple R. Schriver, 2018, p.2.

62 Maison Blanche, « Remarks by President Trump and Prime Minister Abe of Japan in Joint Press Conference », Mar-a-Lago, Floride, 18 avril 2018b ; Davidson, 2018, pp.25-30 ; Shriver, 2018, p.3 ; Reiji Yoshida, « Mattis Reaffirms U.S. Commitment to Defense of Japan, in Tokyo Meeting », *The Japan Times*, 29 juin 2018.

63 Davidson, 2018, pp.34-37 ; DoS, 2018 ; Maison Blanche, 2018, p.46 ; R. Schriver, 2018.

64 Davidson, 2018, p.25 ; DoS, « U.S. Security Cooperation in the Indo-Pacific Region », Fiche d'informations, Bureau du porte-parole, Washington, DC, 4 août 2018b ; R. Schriver, 2018, p.3.

65 Davidson, 2018, p.32. Voir aussi DoS, « Previewing the Upcoming U.S.-India 2+2 Ministerial Dialogue », Briefing par téléconférence, 30 août 2018c.

66 Jesse Barker Gale et Andrew Shearer, « The Quadrilateral Security Dialogue and the Maritime Silk Road Initiative », *CSIS Briefs*, mars 2018 ; Ankit Panda, « U.S., Japan, India, and Australia

De fait, le rôle croissant de l'Inde dans le réseau de partenariats de défense régionaux et l'adoption par l'administration Trump du terme « Indo-Pacifique » souligne l'élargissement du domaine d'intérêt stratégique des États-Unis au-delà de l'Asie-Pacifique et dans l'Océan Indien. Le concept d'« Indo-Pacifique », met en évidence l'interconnexion croissante entre les océans Indien et Pacifique dans la pensée stratégique américaine. Le renforcement de la coopération de défense entre les États-Unis et l'Inde avait été entamé, nous l'avons vu, par l'administration Bush et développé par la suite par l'administration Obama. Néanmoins, sous l'administration Trump, la zone de responsabilité de PACOM a également été étendue afin d'inclure l'océan indien et le *Pacific Command* a été renommé *Indo-Pacific Command* (INDOPACOM).[67]

En somme, la gestion des alliances et des coopérations de défense en Asie-Pacifique par l'administration Trump fait preuve, à ce jour, d'une continuité remarquable. Celle-ci cherche, tout comme l'administration Obama, à consolider une architecture de sécurité en réseau dans le but d'asseoir sa présence régionale, de rassurer ses alliés et partenaires et de dissuader la RPC de se montrer trop agressive dans la région. En même temps, l'extension de la zone de concurrence à l'Indo-Pacifique est le résultat d'une perception de la menace accrue vis-à-vis de la Chine et d'une volonté d'élargir l'éventail de partenaires régionaux (y compris l'Inde) pouvant contraster la RPC.

Les capacités militaires-technologiques

Cette diversification du réseau d'alliances et de coopérations de défense en une architecture de sécurité en réseau, tant par l'administration de Barack Obama que de Donald Trump, est allée de pair avec une adaptation des moyens humains et technologiques du Pentagone déployés en Asie-Pacifique. Les deux administrations ont cherché à adapter le positionnement des forces armées américaines dans la région en le rendant plus flexible et plus à même de résister dans le but de rassurer les alliés régionaux des États-Unis, de dissuader tout comportement agressif de la RPC et de compliquer la prise de décision à Pékin en cas de conflit. De même, elles ont poursuivi un investissement revigoré dans l'innovation technologique afin de préserver la prépondérance militaire américaine vis-à-vis de la Chine. Si l'administration Trump a augmenté sensiblement

Hold Working-Level Quadrilateral Meeting on Regional Cooperation : The Quad is Back », *The Diplomat*, 13 novembre 2017.

67 INDOPACOM, « U.S. Indo-Pacific Command Holds Change of Command Ceremony », 30 mai 2018 ; et Tara Copp, « INDOPACOM, It Is : US Pacific Command Gets Renamed », *Military Times*, 30 mai 2018.

le budget de la défense, sur le plan des choix capacitaires et du positionnement opérationnel l'action des deux administrations s'inscrivent néanmoins, du moins pour le moment, dans la continuité l'une de l'autre.

L'administration Obama

Sous la présidence de Barack Obama, les États-Unis avaient procédé à une révision du positionnement des forces armées américaines dans la région et avaient lancé une nouvelle initiative visant à soutenir l'innovation technologique (la *Defense Innovation Initiative*). Ce faisant, l'objectif était de préserver la prééminence militaire et technologique des États-Unis – ainsi que leur capacité de projection de force – face aux défis posés par les capacités d'A2/AD chinoises et, plus largement, par la modernisation militaire de la RPC.

Tout d'abord, l'administration Obama a annoncé en 2012 sa volonté de positionner 60 % des flottes de la Marine et de l'Armée de l'air en Asie-Pacifique[68], ce qui s'est également traduit, graduellement, par le déploiement de systèmes d'armement de pointe dans la région tels que, par exemple, des sous-marins Virginia-class, des navires de combat en zone littorale, des avions de surveillance P-8, des avions de chasse furtifs tels que le F-22 et le F-35 Joint Strike Fighter ou des bombardiers à longue portée B-2 et B-52[69]. Parallèlement, dans le cadre de la révision de la « position globale » des États-Unis, l'administration visait à développer un positionnement opérationnel dit « géographiquement dispersé, opérationnellement résilient et politiquement soutenable »[70]. En Asie-Pacifique, celle-ci s'est traduite par une consolidation de la présence politico-militaire des États-Unis en Asie du Nord-Est mais également par un élargissement et une diversification de leur « *footprint* » en Asie du Sud-Est, notamment à travers le déploiement de forces rotationnelles[71].

Tout d'abord, en Asie du Nord-Est, les États-Unis ont poursuivi le processus de transfert de Marines basés sur l'île japonaise d'Okinawa qui avait été entamé

....

68 Leon Panetta, Discours du secrétaire à la Défense au Shangri-La Dialogue, Singapour, 2 juin 2012; et Chuck Hagel, Discours du secrétaire à la Défense au Shangri-La Dialogue, Singapour, 31 mai 2014.

69 Ashton Carter, « The Next Phase of the U.S. Rebalance to the Asia-Pacific », discours à l'Université d'État de l'Arizona, Tempe, 6 avril 2015.

70 Michele Flournoy et Janine Davidson, « Obama's New Global Posture. The Logic of U.S. Foreign Deployments », *Foreign Affairs*, vol.91, n°4, 2012, pp.54-63 ; Robert Work, « A New Global Posture for a New Era », discours du vice-secrétaire à la Défense, Council on Foreign Relations, Washington, D.C., 30 septembre 2014.

71 Robert Gates, Discours du secrétaire à la Défense au Shangri-La Dialoque, Singapour, 3 juin 2011 ; DoD, *Quadriennal Defense Review*, 2014, p.viii ; Thomas Conant, « Rebalancing Expeditionary Warfare Capabilities in the Pacific », Présentation par le vice-commandant de PACOM, Panama City Beach, Floride, 12 septembre 2012.

par l'administration de George W. Bush[72]. Il s'agissait de relocaliser une partie de ces forces à l'intérieur du Japon et d'en redistribuer une partie vers l'Australie, Hawaii et Guam[73]. Les États-Unis ont également renforcé leur présence militaire sur Guam, située sur la deuxième chaine d'îles, avec l'objectif d'en faire le centre de gravité des forces américaines dans la région[74]. En Océanie, la *Force Posture Initiative* avec l'Australie prévoyait le déploiement d'une force rotationnelle de 2 500 marines à Darwin et une coopération aérienne accrue[75]. En Asie du Sud-Est, l'administration Obama a étendu et diversifié sa présence et son accès aux bases militaires aux Philippines, notamment avec l'*Enhanced Defense Cooperation Agreement* signé avec Manille[76], ainsi qu'à Singapour avec le déploiement de navires de combat en zone littorale sur base rotationnelle[77].

Ce redéploiement dispersé des positions américaines dans la région avait pour objectif à la fois de rassurer les alliés et les partenaires de Washington dans la région, de dissuader tout comportement agressif de la RPC ainsi que, comme l'explique un ancien responsable du Pentagone, de « compliquer les aspects politiques et militaires du ciblage de nos forces par un adversaire »[78]. De même, selon un autre fonctionnaire du Pentagone, « si nous sommes en mesure de mieux disperser nos forces au moment d'un conflit », cela « complique certainement les choses pour la Chine » et permet « d'influencer la prise de décision de la RPC »[79].

Outre cette révision du positionnement des forces américaines, l'administration Obama avait cherché à renforcer la capacité d'innovation américaine afin d'asseoir la prééminence militaire-technologique des États-Unis. À cette fin, le Pentagone a lancé en 2014 la *Defense Innovation Initiative* (DII) qui se compose de deux éléments principaux : le *Long-Range Research & Development Planning Program* (LRRDPP) et la *Third Offset Strategy* (ToS)[80]. Les deux fonctionnent en

72 B. Jensen, 2015 ; N. Silove, 2016.
73 Government Accountability Office (GAO), *Marine Corps Asia-Pacific Realignment*, rapport aux commissions parlementaires, avril 2017, pp.6-12.
74 *Ibid.* ; Michael Green et al., *Asia-Pacific Rebalance 2025 : Capabilities, Presence, and Partnerships*, Washington D.C., Center for Strategic and International Studies, 2016, p.32.
75 Harry B. Harris, Déclaration de l'officier général commandant les forces américaines dans l'Indo-Pacifique (PACOM) sur le positionnement américain dans le Pacifique devant la Commission des forces armées du Sénat, 26 avril, 2017, p.30.
76 DoS, texte de l'EDCA, disponible à https://www.state.gov/documents/organization/244799.pdf
77 Harris, 2017, p.45 ; DoD, 2015 b, pp.21, 23.
78 Entretien avec un ancien responsable du Pentagone, 17 avril 2018.
79 Entretien avec un ancien responsable du Pentagone, 16 février 2017.
80 Chuck Hagel, « The Defense Innovation Initiative », Memorandum pour le vice-secrétaire à la Défense, 15 novembre 2014b ; Robert Work, « National Defense University Convocation », Discours du vice-secrétaire à la Défense à la National Defense University, Washington, DC, 5 août 2014 b.

tandem ; alors que le LRRDPP identifie les technologies de pointe et les concepts innovants, la ToS vise à les intégrer dans les systèmes d'armement américains[81].

Même si la DII ne se limite pas exclusivement à la Chine, un haut responsable du Pentagone en résume ainsi un objectif central : « il s'agit fondamentalement de rétablir la supériorité militaire conventionnelle par rapport à la Chine »[82]. Spécifiquement, elle vise à garantir le maintien de la prééminence militaire et technologique des États-Unis vis-à-vis de la RPC ainsi que sa capacité de projection de puissance face au défi d'A2/AD chinois. En effet, la ToS repose sur des technologies de pointe, dont bon nombre sont développées par le secteur commercial, telles que la robotique, les systèmes autonomes, la miniaturisation, le *big data* et l'impression 3D. En même temps, elle implique également le développement de nouveaux systèmes d'armes tels que les missiles hypersoniques, les armes à énergie dirigée ou les canons électromagnétiques pouvant permettre aux États-Unis de répondre au défi d'A2/AD posé par la Chine[83].

En somme, les choix de l'administration Obama en matière de capacité militaire et de positionnement opérationnel s'inscrivaient, tout comme le remaniement du système d'alliances régionales, dans l'optique de façonner la trajectoire de la montée en puissance de la Chine à partir d'une position dominante. Celle-ci permettait d'assurer les alliés et partenaires américains de la détermination de Washington à les défendre, dissuader la Chine de faire montre de tout comportement agressif et compliquer la prise de décision à Pékin en cas de conflit.

L'administration Trump

La présidence Trump se caractérise, nous l'avons vu, par une rupture (partielle) dans la façon de percevoir la menace que représente la RPC des objectifs politiques qui en découlent. Et pourtant, s'il est difficile d'évaluer, au moment de la rédaction, la direction exacte des choix capacitaires et de positionnement opérationnel de l'administration Trump, les sources actuellement disponibles semblent indiquer que dans ce domaine (comme dans celui des alliances), elle s'inscrit néanmoins dans une certaine continuité par rapport à la présidence Obama. Il s'agit en effet, d'une part, de développer une position opérationnelle géographiquement flexible et résiliente dans le but de rassurer les alliés, de dissuader la Chine de tout comportement agressif et de compliquer la prise de décision de la PRC en cas de conflit et, de l'autre, de poursuive la

81 Zoe Stanley-Lockman, « Defence & Technology : The US between Silicon Valley and European Allies », *EUISS Issue Brief no.35*, 2015.

82 Entretien avec un ancien responsable du Pentagone, 17 avril 2017.

83 Richard Bitzinger, « Why China Should Fear the US Military's Third Offset Strategy », *The National Interest*, 28 août 2016.

Defense Innovation Initiative afin de maintenir la prépondérance conventionnelle américaine vis-à-vis de la Chine.

Tout d'abord, en raison de la priorité qu'accorde l'administration Trump à la concurrence entre grandes puissances, le Pentagone poursuit le développement d'une position opérationnelle qui permette aux États-Unis d'être « prévisibles sur le plan stratégique, mais imprévisibles sur le plan opérationnel » vis-à-vis de ses compétiteurs stratégiques[84]. L'emploi de la force, le positionnement militaire et les opérations des forces armées américaines doivent « introduire de l'imprévisibilité pour les décideurs adverses [...], frustrer leurs efforts, les priver d'options tout en élargissant les nôtres et les forcer à affronter les conflits dans des conditions défavorables »[85]. Pour ce faire, il souhaite développer un positionnement opérationnel « létal, agile et résilient »[86]. C'est pourquoi l'officier général commandant les forces américaines de l'Indo-Pacifique (*Indo-Pacific Command*, PACOM), l'amiral Phil Davidson, a indiqué sa volonté de « redéfinir la position opérationnelle américaine » en l'adaptant aux défis d'A2/AD chinois afin de « dissuader efficacement la Chine de toute agression dans l'Indo-Pacifique »[87]. L'objectif affiché par l'administration Trump est donc de développer un positionnement opérationnel résilient et géographiquement flexible permettant de faire face aux capacités d'A2/AD chinoises et d'introduire une certaine imprévisibilité qui complique la prise de décision de son compétiteur stratégique. Cet objectif est entièrement cohérent, nous l'avons vu, avec l'approche envisagée par l'administration Obama.

Au-delà de la position opérationnelle, l'administration Trump met également l'accent, tout comme celle de son prédécesseur, sur l'innovation technologique et sur la nécessité de maintenir la prééminence militaire-technologique vis-à-vis de la Chine. L'ancien secrétaire à la Défense Mattis a confirmé que la *Defense Innovation Initiative* (DII, lancée par l'administration Obama) « demeure une priorité absolue » pour l'administration Trump[88]. La hausse du budget de défense sous l'administration Trump vise entre autre à financer le développement et l'exploitation de nouvelles technologies telles que le *big data*, l'intelligence artificielle, l'autonomie, la robotique, l'énergie dirigée, l'hypersonique et la

84 DoD, 2018, p.5.

85 *Ibid.*

86 *Ibid.*, p.1 ; DoD, *Defense Budget Overview. United States Department of Defense Fiscal Year 2019 Budget Request*, Bureau du secrétaire adjoint à la Défense (contrôleur), 2018c, p.2-5.

87 P. Davidson, 2018, pp.6 et 8.

88 Cité dans Terri Moon Cronk, « DoD's Innovation Initiative Remains Top Priority, Mattis Says », *DoD News*, 10 août 2017.

biotechnologie[89]. Il s'agit là précisément du même type de technologies ambitionnées dans le cadre de la DII de l'administration Obama.

Pour résumer, dans le domaine capacitaire, l'approche de l'administration Trump s'inscrit nettement dans la continuité de la présidence de Barack Obama. Tant sur le plan de la position opérationnelle que du développement de nouvelles technologies, l'objectif demeure celui d'asseoir la prépondérance militaire et technologique des États-Unis et de maintenir leur capacité de projection de force face aux défis d'A2/AD chinois.

Conclusion

À travers une comparaison systématique des différentes composantes de la politique de défense américaine en Asie-Pacifique, cet article a cherché à dégager les principales dimensions de continuité et de discontinuité entre les administrations Obama et Trump. D'une part, cette analyse a montré l'intensification relative des perceptions de la menace vis-à-vis de la Chine ainsi que l'évolution partielle des objectifs politiques qui en découlent – avec l'accent mis sur la rivalité stratégique sino-américaine sous l'administration Trump. D'autre part, ces évolutions n'ont pas été d'une envergure telle à générer une redéfinition majeure des alliances et des coopérations de défense en Asie-Pacifique ou des capacités militaires-technologiques déployées dans la région. Dans ces deux dimensions, les administrations Obama et Trump s'inscrivent dans la continuité l'une de l'autre.

Ce bilan de la politique de défense de la présidence Trump ne peut certes être que partiel et incomplet, celle-ci n'étant, au moment de la rédaction, qu'à mi-mandat. En outre, la politique de défense ne constitue que l'une des dimensions de la politique étrangère. La diplomatie économique de l'administration Trump, par exemple, se caractérise par une rupture radicale par rapport à toutes les administrations depuis la fin de la Seconde Guerre mondiale. Cette discontinuité s'est manifestée entre autres dans le retrait des États-Unis, sous l'administration Trump, du traité de libre-échange trans-Pacifique (ou TPP) ainsi que par la guerre des tarifs avec la RPC[90]. Les dynamiques de continuité/discontinuité dans la politique étrangère de l'administration Trump semblent donc varier en fonction des secteurs et des enjeux.

89 DoD, 2018, p.2. Sur la hausse du budget de la défense, voir Richard Sisk, « Trump Signs $717 Billion Defense Bill Including 2.6 Percent Troop Pay Raise », *Military.com*, 13 août 2018.

90 Marcus Noland, « US Trade Policy in the Trump Administration », *Asian Economic Policy Review*, vol.13, n°2, 2018, pp.262-278.

Néanmoins, ce qui ressort distinctement de cette analyse est que, au-delà des slogans électoraux et du battage médiatique, la politique de défense de la présidence Trump en Asie-Pacifique s'inscrit dans une évolution cumulative de long terme davantage qu'elle ne marque une rupture radicale. Les États-Unis continuent d'adapter leur outil militaire à la montée en puissance de la Chine et au défi qu'elle pose à la prééminence américaine dans la politique internationale. L'Asie-Pacifique (et l'Indo-Pacifique plus généralement) a acquis une place centrale dans le débat stratégique américain et constitue désormais une priorité structurante de la politique de défense américaine.

☑

Bibliographie

Bader, Jeffrey, *Obama and China's Rise: An Insider's Account of America's Asia Strategy*, Washington, DC, Brookings Institution Press, 2012.

Bitzinger, Richard, « Why China Should Fear the US Military's Third Offset Strategy », *The National Interest*, 28 août 2016.

Blinken, Antony, « US-China Relations: Strategic Challenges and Opportunities », témoignage du vice-secrétaire d'État devant la Commission des affaires étrangères du Sénat, Washington, DC, 27 avril 2016.

Campbell, Kurt, *The Pivot: The Future of American Statecraft in Asia*, New York, NY, Twelve Publishers, 2016.

Carter, Ashton, « *The Next Phase of the U.S. Rebalance to the Asia-Pacific* », discours à l'Université d'État de l'Arizona, Tempe, 6 avril 2015.

Carter, Ashton, « America's Growing Security Network in the Asia-Pacific », Council on Foreign Relations, New York, 8 avril 2016.

Carter, Ashton, « Asia-Pacific's Principled Security Network », discours du Secrétaire à la Défense au Shangri-La Dialogue, Singapour, 4 juin 2016b.

Cha, Victor, « Powerplay : Origins of the U.S. Alliance System in Asia », *International Security*, vol.34, n°3 2009/10, pp.158-196.

Cha, Victor, « Complex Patchworks : U.S. Alliances as Part of Asia's Regional Architecture », *Asia Policy*, vol.11, 2011, pp.27-50.

Cha, Victor, *Powerplay: The Origins of the American Alliance System in Asia*, Princeton, NJ, Princeton University Press, 2016.

Clinton, Hillary, « America's Pacific Century », *Foreign Policy*, 1er octobre 2011.

Conant, Thomas, « Rebalancing Expeditionary Warfare Capabilities in the Pacific », Présentation par le vice-commandant du PACOM, Panama City Beach, Floride, 12 septembre 2012.

Copp, Tara, « INDOPACOM, It Is : US Pacific Command Gets Renamed », *Military Times*, 30 mai 2018.

Cronk, Terri Moon, « Département de la Défense's Innovation Initiative Remains Top Priority, Mattis Says », *Département de la Défense News*, 10 août 2017.

Davidson, Philip, « Advance Policy Questions for Admiral Philip Davidson », Commission des forces armées du Sénat, 17 avril 2018, pp.13, 15, 19.

Département d'État, Texte de l'*Enhanced Defense Cooperation Agreement* entre les États-Unis et les Philippines, disponible à https://www.state.gov/documents/organization/244799.pdf

Département d'État, « Expanded U.S. Assistance for Maritime Capacity Building », Fiche d'informations, Washington, DC, 16 décembre 2013.

Département de la Défense, *Quadriennal Defense Review*, 2014.

Département d'État, U.*S. Relations with India*, Bureau des Affaires d'Asie centrale et méridionale, Fiche d'informations, 9 octobre 2015.

Département de la Défense, « Joint India-United States Statement on the Visit of Secretary of Defense Carter to India », 8 décembre 2016.

Département d'État, « Briefing on The Indo-Pacific Strategy », Salle des correspondants de presse, Washington, DC, 2 avril 2018.

Département d'État, « U.S. Security Cooperation in the Indo-Pacific Region », Fiche d'informations, Bureau du porte-parole, Washington, DC, 4 août 2018b.

Département d'État, « Previewing the Upcoming U.S.-India 2+2 Ministerial Dialogue », Briefing par téléconférence, 30 août 2018.

Département de la Défense, *The National Military Strategy of the United States of America*, 2015.

Département de la Défense, *Asia-Pacific Maritime Security* Strategy, 2015 b.

Département de la Défense, *Summary of the 2018 of the National Defense Strategy of the United States of America*, 2018.

Département de la Défense, *Military and Security Developments Involving the People's Republic of China 2018*, Bureau du secrétaire à la Défense, 2018b.

Département de la Défense, *Defense Budget Overview. United States Department of Defense Fiscal Year 2019 Budget Request*, Bureau du Secrétaire adjoint à la défense (contrôleur), 2018.

Flournoy, Michele et Janine Davidson, « Obama's New Global Posture. The Logic of U.S. Foreign Deployments », *Foreign Affairs*, vol.91, n°4, 2012, pp.54-63.

Fontaine, Richard, « Networking Security in Asia », *The Washington Quarterly*, vol.40, n° 3, 2017, pp.45-62.

Gale, Jesse Barker et Andrew Shearer, « The Quadrilateral Security Dialogue and the Maritime Silk Road Initiative », *CSIS Briefs*, mars 2018.

Gates, Robert, Discours du Secrétaire à la Défense au Shangri-La Dialoque, Singapour, 3 juin 2011.

Government Accountability Office, *Marine Corps Asia-Pacific Realignment*, rapport aux commissions parlementaires, avril 2017.

Green, Michael et al., *Asia-Pacific Rebalance 2025 : Capabilities, Presence, and Partnerships*, Washington D.C., Center for Strategic and International Studies, 2016.

Green, Michael, *By More Than Providence : Grand Strategy and American Power in the Asia Pacific Since 1783*, New York, Columbia University Press, 2017.

Hagel, Chuck, « The Defense Innovation Initiative », Memorandum pour le vice-secrétaire à la Défense, 15 novembre 2014.

Hagel, Chuck, Discours du Secrétaire à la Défense au Shangri-La Dialogue, Singapour, 31 mai 2014 b.

Harris, Harry B., Déclaration de l'officier général commandant les forces américaines dans l'Indo-Pacifique (PACOM) sur le positionnement américain dans le Pacifique devant la Commission des forces armées du Sénat, 26 avril, 2017.

Hooper, Mira Rapp, « Interview with Admiral Gary Roughead – The Evolving Role of Military Exercise in Asia », Center for Strategic and International Studies, 4 mars 2015.

Ikenberry, John G., « The End of Liberal International Order? », *International Affairs*, vol.94, n°1, 2018, pp.7–23.

Ikenberry, John G., *Liberal Leviathan : The Origins, Crisis, and Transformation of the American World Order*, Princeton, NJ, Princeton University Press, 2011.

INDOPACOM, « U.S. Indo-Pacific Command Holds Change of Command Ceremony », 30 mai 2018.

Jensen, Benjamin et Erik Shibuya, « The Military Rebalance as Retcon » dans Hugo Meijer dir., *Origins and Evolution of the US Rebalance toward Asia : Diplomatic, Military, and Economic Dimensions*, New York, Palgrave Macmillan, 2015, pp.81-106.

Joana, Jean et Hugo Meijer, « La politique étrangère, les études stratégiques et la guerre » dans Christian Lequesne et Hugo Meijer dir., *La politique étrangère : approches disciplinaires*, Montréal, Presses de l'Université de Montréal, 2018.

Kerry, John, « Exit Memo From Secretary Kerry to President Obama », Washington, DC, 5 janvier 2017.

Layton, Peter, « Trump's Twitter Diplomacy Troubles U.S.-China Relations », *East Asia Forum*, janvier 2017.

Maison Blanche, *The National Security Strategy of the United States of America*, décembre 2017.

Maison Blanche, « Remarks by President Trump at APEC CEO Summit », Da Nang, Viêt Nam, 10 novembre 2017.

Maison Blanche, « Remarks by President Trump and Prime Minister Abe of Japan in Joint Press Conference », Mar-a-Lago, Floride, 18 avril 2018.

Mattis, James N., « Written Statement for the Record », Sous-commission d'affectation aux crédits de Défense du Sénat, 9 mai 2018.

Mattis, James N., Discours au Center for the National Interest, 25 juin 2018.

Mattis, James N., Discours du Secrétaire à la Défense au Shangri-La Dialogue, Singapour, 3 juin 2017.

Meijer, Hugo « Le Pivot dans le Pivot. La politique étrangère américaine en Asie du Sud-Est », dans Antoine Coppolani et Pierre Journoud dir., *Un triangle stratégique à l'épreuve. Les relations entre les États-Unis, la Chine et l'Asie du Sud-Est, de 1945 à nos jours*, Montpellier, Presses universitaires de la Méditerranée, à paraître, 2019.

Meijer, Hugo dir., *Origins and Evolution of the US Rebalance toward Asia: Diplomatic, Military, and Economic Dimensions*, New York, Palgrave Macmillan, 2015.

Panda, Ankit, « U.S., Japan, India, and Australia Hold Working-Level Quadrilateral Meeting on Regional Cooperation : The Quad is Back », *The Diplomat*, 13 novembre 2017.

Panetta, Leon, Discours du Secrétaire à la Défense au Shangri-La Dialogue, Singapour, 2 juin 2012.

Pei, Minxin, « America's Pivot Paradox : Ukraine, Syria, and Beyond », *The National Interest*, 24 avril 2014.

Russel, Daniel, « Maritime Disputes in East Asia », témoignage du sous-secrétaire d'État adjoint à l'Asie-Pacifique devant la Commission des affaires étrangères de la Chambre des représentants, Washington, DC, 5 février 2014.

Russel, Danny, 2016, « AP4.0, an Operating System for the Asia-Pacific Region », discours du sous-secrétaire d'État adjoint à l'Asie-Pacifique, CSIS, Washington, DC, 11 octobre 2016.

Schriver, Randall, « American Leadership in the Asia-Pacific », Témoignage du sous-secrétaire à la Défense adjoint à l'Asie-Pacifique devant la Commission des affaires étrangères du Sénat, 15 mai 2018.

Shear, David, « U.S.-China Relations: Maximizing The Effectiveness of the Strategic and Economic Dialogue », témoignage du vice-sous-secrétaire d'État adjoint à l'Asie-Pacifique devant Commission des affaires étrangères de la Chambre des représentants, DC, 10 septembre 2009.

Shear, David, Déclaration du sous-secrétaire d'État adjoint à l'Asie-Pacifique devant la Commission des affaires étrangères de la Chambre des représentants, Washington DC, 13 mai 2015.

Silove, Nina, « The Pivot before the Pivot: U.S. Strategy to Preserve the Power Balance in Asia », *International Security*, vol40, n°4, 2016, pp.45-88.

Sisk, Richard, « Trump Signs $717 Billion Defense Bill Including 2.6 Percent Troop Pay Raise », *Military.com*, 13 août 2018.

Stanley-Lockman, Zoe, « Defence & Technology : The US between Silicon Valley and European Allies », *EUISS Issue Brief no.35*, 2015.

Stein, Janice Gross, « Threat Perception in International Relations », dans Leonie Huddy, David O. Sears et Jack S. Levy dir., *The Oxford Handbook of Political Psychology*, Oxford, Oxford University Press, 2013.

Tan, See Seng, *Multilateral Asian Security Architecture : Non-ASEAN Stakeholders*, London, Routledge, 2015.

Wong, Alex, « Briefing on The Indo-Pacific Strategy », Briefing spécial vice-sous-secrétaire d'État adjoint à l'Asie-Pacifique, Washington, DC, 2 avril 2018.

Work, Robert, « A New Glob », Washington DC, 30 septembre 2014.

Work, Robert, « National Defense University Convocation », Discours du vice-Secrétaire à la Défense à la National Defense University, Washington, DC, 5 août 2014.

Wuthnow, Joel, « U.S. 'Minilateralism' in Asia and China's Responses: A New Security Dilemma? », *Journal of Contemporary China*, 2018, DOI: 10.1080/10670564.2018.1497916.

Yoshida, Reiji, « Mattis Reaffirms U.S. Commitment to Defense of Japan, in Tokyo Meeting », *The Japan Times*, 29 juin 2018.

La dissuasion nucléaire américaine et le retour de la compétition stratégique

Corentin Brustlein*

Résumé
Dès son arrivée au pouvoir, Donald Trump a demandé au Pentagone de conduire une révision de la posture nucléaire américaine. Après s'être initialement distinguée par un discours ambitieux dans le domaine du désarmement nucléaire, l'administration Obama avait durci sa posture à partir de 2014 et initié une modernisation de l'arsenal, en réponse à l'aggravation des tensions avec la Russie, la Chine et la Corée du Nord. Nonobstant les propos du nouveau président, la Nuclear Posture Review de 2018 se caractérise par une grande continuité, bien que préparant l'entrée dans une ère de compétition stratégique entre grandes puissances. Réaffirmant la place de l'arme nucléaire dans la stratégie américaine, ces orientations doctrinales renouent en outre avec une conception voyant dans la supériorité militaire le principal moyen d'assurer la sécurité des États-Unis.

L'élection de Donald Trump en novembre 2016 a fait prendre à la « grande stratégie » américaine un tournant abrupt et surprenant. Depuis l'arrivée au pouvoir du nouveau président, toutefois, les grandes orientations de la politique de défense ont été relativement préservées des frasques présidentielles. Dans un domaine militaire largement délégué au Pentagone, l'ambition des États-Unis consiste moins à « rendre à l'Amérique sa grandeur » (« Make America Great Again ») qu'à conserver une marge de supériorité vis-à-vis de tout adversaire potentiel dans l'environnement international plus compétitif apparu au cours des dernières années.

Lorsqu'il est investi 45e Président des États-Unis, Donald Trump devient commandant-en-chef de forces nucléaires colossales comptant plus de 3800 armes nucléaires opérationnelles[1]. Les systèmes d'armes – porteurs, missiles,

* Corentin Brustlein est directeur du Centre des études de sécurité de l'Institut français de relations internationales.

1 Steven Aftergood, « 2017 Nuclear Stockpile Total Declassified », blog *Secrecy News*, 22 mars 2018.

têtes nucléaires – composant cet imposant arsenal demeurent, grâce à des efforts de remise à niveau coûteux et réguliers, parmi les plus performants au monde. Pour autant, ils ont, dans leur quasi-totalité, été conçus et produits au cours de la guerre froide. L'âge de ces forces et la dégradation de l'environnement international depuis 2014 ont amené une administration Obama réticente à entamer un programme de modernisation destiné à remplacer l'ensemble des composantes des forces nucléaires américaines au cours des trois prochaines décennies.

Au regard de l'acharnement avec lequel le Président Trump s'efforce de défaire systématiquement l'héritage de son prédécesseur, qu'advient-il des directions doctrinales et programmatiques empruntées par Obama ? Alors que la nouvelle équipe s'est démarquée de manière nette sur le dossier iranien, elle a dans l'ensemble fait sienne les orientations définies au cours du second mandat de Barack Obama, en particulier depuis 2014. À bien des égards, l'annexion de la Crimée constitue pour la stratégie américaine un point d'inflexion semblant transcender les clivages politiques en imposant une ré-articulation des priorités nationales. À une ère au cours de laquelle Washington avait le terrorisme et la stabilisation pour principales préoccupations succède une autre marquée par le retour du risque de guerre majeure. Les tensions renouvelées avec des puissances militaires majeures (Russie, Chine) ou régionales (Corée du Nord, Iran) ont contribué à replacer les États-Unis dans une logique de compétition stratégique sur la durée. Ce retour à la compétition stratégique, une fois décliné dans le domaine nucléaire, ne se résume pas à la légèreté de Donald Trump (« Let It be an Arms Race[2] ») mais devient au contraire un effort appelé à structurer sur le temps long les décisions américaines dans le domaine militaire.

Obama, du prix Nobel à la modernisation nucléaire

Le bilan des deux mandats présidentiels de Barack Obama est loin de refléter l'élan d'optimisme suscité à l'automne 2009 lorsqu'il se voit attribuer le Prix Nobel de la Paix. L'ambition présidentielle en faveur du désarmement et de la non-prolifération nucléaires, visible dès la campagne de 2008, s'est heurtée de manière répétée au mur des réalités budgétaires, bureaucratiques et, surtout, stratégiques[3].

2 Cité dans Jeffrey Michaels et Heather Williams, « The Nuclear Education of Donald J. Trump », *Contemporary Security Policy*, vol.38, n°1, 2017, p.13.

3 Pour une synthèse sur ce point, voir Corentin Brustlein, « Désarmement nucléaire : l'ambition empêchée d'Obama », *in* Maud Quessard et Maya Kandel dir., *Les États-Unis et la fin de la grande stratégie ? Un bilan de la politique étrangère d'Obama*, IRSEM, 2017, p.135-148.

Des bienfaits de la coopération...

Dans le programme de politique étrangère qu'il a exposé au Chicago Council on Global Affairs, en avril 2007[4], ou à Washington en juillet 2008[5], peu de temps avant sa désignation officielle comme candidat démocrate à l'élection présidentielle, Barack Obama esquissait une posture nucléaire combinant plusieurs traits. Par contraste avec l'unilatéralisme et l'interventionnisme ayant caractérisé une large part des mandats de George W. Bush, Obama veut mettre l'accent sur une diplomatie plus inclusive et multilatérale.

La priorité qui se dégage alors relève de la lutte contre la prolifération et de la réduction du risque de terrorisme nucléaire plutôt que du renouvellement des capacités nucléaires – les rapports de force entre grandes puissances étant relativement apaisés. Le futur président insiste en particulier sur la sécurisation des stocks de matières fissiles dans le monde afin de les soustraire au risque de vol, de perte et d'usage malveillant. Son programme évoque des mesures telles qu'un traité d'interdiction de la production de matières fissiles destinées aux armes nucléaires (*Fissile Material Cut-off Treaty*, FMCT), la mise hors d'état d'alerte d'une plus large portion de l'arsenal américain ou encore la réduction des stocks d'armes nucléaires. Il affirme de plus dès l'origine son soutien aux efforts en faveur d'un monde sans armes nucléaires, mais nuance aussitôt en rappelant qu'aussi longtemps que l'arme nucléaire existerait, les États-Unis maintiendraient une posture de dissuasion crédible et sûre. Ce jeu d'équilibre a perduré tout au long des deux mandats, bien qu'il ait souvent été perdu de vue par ses critiques – partisans du désarmement de plus en plus déçus de son faible bilan en la matière, et tenants d'une posture de fermeté craignant un affaiblissement de la crédibilité des garanties de sécurité offertes par les États-Unis à leurs alliés.

Quelques mois à peine après son investiture, Barack Obama prononce à Prague un discours qui incarne le pic d'ambition de la nouvelle administration américaine[6]. Au fond, le jeu d'équilibre perdure, mais l'articulation d'une vision d'un monde sans armes nucléaires, mue par une responsabilité morale spécifique au seul État ayant jamais utilisé une arme nucléaire contre un adversaire, paraît porteuse et se décline en de nombreux autres chantiers : réduction du rôle des armes nucléaires dans la stratégie américaine, relance de la maîtrise des armements avec la Russie, entrée en vigueur du traité d'interdiction complète des essais nucléaires (*Comprehensive Test Ban Treaty*, CTBT) s'ajoutent ainsi aux mesures

4 Barack Obama, « Remarks to the Chicago Council on Foreign Affairs », Chicago, IL, 23 avril 2007.
5 Barack Obama, « Remarks at the Ronald Reagan Building », Washington, D.C., 16 juillet 2008.
6 Barack Obama, « Remarks at Hradcany Square », Prague, 5 avril 2009.

envisagées au cours de la campagne. La séquence ouverte par ce discours se traduit un an plus tard avec l'adoption d'une nouvelle *Nuclear Posture Review* et la signature du traité New START avec Moscou, pour s'éteindre progressivement ensuite. La nouvelle posture (2010 NPR) officialise l'ambition d'une réduction du rôle des armes nucléaires dans la stratégie des États-Unis mais n'aboutit qu'à des ajustements marginaux de l'arsenal et de la politique déclaratoire[7].

En réalité, la principale inflexion portée sous Obama à la posture nucléaire américaine réside moins dans une révolution doctrinale ou capacitaire que dans un retour à une politique mettant en avant la coopération comme moyen de réduire les risques nucléaires. Le traité New START, signé avec la Russie en avril 2010, impose bien peu de réductions réelles dans les arsenaux, mais permet de faire perdurer un régime de vérification et d'inspections portant sur les armes nucléaires stratégiques des deux pays, préservant ainsi un instrument important de la stabilité stratégique au moment où s'effritent les autres pans de l'édifice de la maîtrise des armements conçus à la fin de la guerre froide. De la même manière, deux des réussites incontestables survenues sous Obama dans le domaine de la non-prolifération misaient sur la sécurité coopérative, que l'on pense aux résultats des quatre sommets sur la sécurité nucléaire conviés par Obama ou à l'ouverture d'un canal de négociations avec Téhéran, ayant contribué à faire aboutir en 2015 les négociations sur le programme nucléaire iranien. Enfin, par-delà les préférences individuelles du président, la volonté de réduire le rôle de l'arme nucléaire dans la stratégie américaine avait également pour vocation de contribuer à soutenir un régime de non-prolifération vacillant en démontrant que Washington mettait bien en œuvre ses obligations à l'égard du Traité de non-prolifération nucléaire (TNP).

Bien avant que cet héritage ne soit mis à mal par Donald J. Trump, l'ambition d'Obama d'avancer vers un monde sans armes nucléaires s'est heurtée à la réalité du système politique américain, de la responsabilité des États-Unis vis-à-vis de leurs alliés et du retour des rivalités entre grandes puissances à partir de 2014.

... au retour des rapports de forces

Le programme exposé dans le discours d'avril 2009 – rapidement surnommé « l'agenda de Prague » – n'était pas ambitieux au point de tracer un chemin jusqu'à un désarmement nucléaire général. Mais même son plan d'action d'ambition limitée s'est avéré impossible à mettre en œuvre, tant en raison du Congrès que de la dégradation de l'environnement international.

7 *Nuclear Posture Review Report*, Washington, D.C., Department of Defense, 2010.

Depuis la fin de la guerre froide, le Congrès des États-Unis est devenu à la fois moins compétent sur les questions nucléaires, plus polarisé sur les questions internationales et de plus en plus réticent à laisser l'exécutif signer des accords contraignant la liberté d'action des États-Unis dans le monde – la maîtrise des armements et la protection de l'environnement n'en sont que deux exemples parmi d'autres. Par conséquent, la ratification du traité New START a exigé de l'administration un effort considérable sur plus de six mois – un effort sans proportion avec les faibles concessions concrètes que le traité impose à l'arsenal nucléaire des États-Unis. Ces difficultés, s'ajoutant au souvenir douloureux du rejet par le Sénat de la ratification du CTBT en 1999, ont encouragé l'administration Obama à progresser par gestes symboliques plutôt que par traités dans la mise en œuvre de « l'Agenda de Prague », en réduisant *de facto* la portée. En outre, cette ratification difficile n'a été obtenue qu'au prix d'un engagement de l'Administration à financer à hauteur de 190 milliards de dollars le renouvellement de l'arsenal nucléaire américain – approximativement également répartis entre les forces et le « complexe » nucléaire[8]. L'opposition républicaine au Congrès, et au Sénat en particulier, a continué à contraindre la marge de manœuvre de l'exécutif jusqu'à la fin du second mandat d'Obama. Non seulement la nouvelle ratification du CTBT n'a jamais été tentée, mais le Congrès a régulièrement introduit dans les lois de finances des dispositions menaçant l'exécutif de bloquer la mise en œuvre de New START si jamais celui-ci tentait de contourner le Congrès en procédant à des réductions unilatérales, par exemple *via* des décrets présidentiels (*executive orders*)[9].

Surtout, le discours d'Obama s'est trouvé en décalage grandissant avec le contexte sécuritaire. Tandis qu'il s'apprêtait à réaffirmer son ambition d'avancer vers un désarmement nucléaire lors de son discours sur l'état de l'Union de janvier 2013 est survenu le troisième essai nucléaire nord-coréen. Repoussées pour six mois, les annonces surviendront à Berlin en juin 2013, neuf mois avant l'annexion de la Crimée par la Russie et le retour de l'arme nucléaire au premier plan des rapports entre grandes puissances[10]. Au moment où les États-Unis cherchent explicitement à réduire le rôle de l'arme nucléaire dans leur stratégie,

8 On entend par complexe nucléaire les infrastructures et les personnels principalement chargés de la conception, de l'entretien, de la vérification et du démantèlement des armes nucléaires. Walter Pincus, « Nuclear complex upgrades related to START treaty to cost $180 billion », *The Washington Post*, 14 mai 2010. Sur le complexe nucléaire américain et son état actuel, voir notamment Amy F. Woolf et James D. Werner, *The U.S. Nuclear Weapons Complex : Overview of Department of Energy Sites*, Washington, DC, Congressional Research Service, 6 septembre 2018.

9 Voir par exemple *National Defense Authorization Act for Fiscal Year 2014*, Public law 113-66, 26 décembre 2013, p.862, 865.

10 Barack Obama, « Remarks at the Brandenburg Gate », Berlin, 19 juin 2013.

la Russie multiplie les références à son arsenal nucléaire et le brandit comme instrument de puissance et de coercition[11]. Au fond, le fait que les deux pays suivent des trajectoires inverses n'est qu'une conséquence logique du déséquilibre existant entre eux dans le domaine militaire : l'avantage des États-Unis dans le domaine conventionnel leur permet de compenser une réduction du rôle de l'arme nucléaire, notamment pour la protection de leurs alliés[12]. Cet avantage, manifeste depuis la fin de la guerre froide, ne fait qu'encourager en retour la Russie à miser sur ses propres atouts afin de faire prévaloir ses intérêts, atouts parmi lesquels l'arme nucléaire conserve un rôle prééminent[13].

Le cas russe n'est pas unique. À partir de 2014 se renforce à Washington l'impression que les adversaires potentiels des États-Unis ont conçu des « théories de la victoire » (« theory of victory ») adaptées aux limites de la posture de dissuasion américaine, en premier lieu de la dissuasion élargie offerte aux alliés[14]. Les craintes concernent ainsi en particulier les options permettant à des pays comme la Russie, la Chine ou la Corée du Nord de mettre en œuvre des stratégies de « découplage » ciblant les pays protégés par la dissuasion élargie américaine, visant l'affaiblissement – voire la rupture – du lien entre le protecteur et ses protégés, à travers des postures misant sur l'ambiguïté des intentions et des actes, le fait accompli territorial et l'intimidation par la menace explicite ou latente d'emploi limité d'armes nucléaires. Le second mandat d'Obama voit donc l'amorce d'un durcissement de la posture nucléaire américaine, qui se traduit par une série d'ajustements dans le

11 Dmitry (Dima) Adamsky, « Cross-Domain Coercion : The Current Russian Art of Strategy », *Proliferation Papers*, novembre 2015 ; Olga Oliker, *Russia's Nuclear Doctrine. What We Know, What We Don't, and What That Means*, Washington, D.C., Center for Strategic and International Studies, mai 2016 ; Kristen Ven Bruusgaard, « Russian Strategic Deterrence », *Survival*, vol.58, n° 4, août-septembre 2016, p.7-26.

12 Corentin Brustlein, « Conventionalizing Deterrence ? U.S. Prompt Strike Programs and Their Limits », *Proliferation Papers*, Ifri, janvier 2015.

13 On note ainsi la façon dont l'inversion du rapport de force conventionnel par rapport à la guerre froide a pu amener à une inversion des rôles passés, les États-Unis n'assignant qu'une place de plus en plus réduite à l'arme nucléaire dans la gestion de l'escalade avec la Russie alors même que cette dernière en est devenue plus dépendante dans l'immédiat après-guerre froide pour tenter de contrer la supériorité technologique américaine. Dave Johnson, *Nuclear Weapons in Russia's Approach to Conflict*, Paris, Fondation pour la recherche stratégique, novembre 2016 ; Jacob W. Kipp, « Russia as a Nuclear Power in the Eurasian Context », p.35-64, *in Strategic Asia 2013–14: Asia in the Second Nuclear Age*, Ashley J. Tellis, Abraham M. Denmark et Travis Tanner, dir., Washington, D.C., National Bureau of Asian Research, 2013.

14 Brad Roberts, *The Case for U.S. Nuclear Weapons in the 21st Century*, Stanford, CA, Stanford Security Studies, 2016 ; Keir A. Lieber et Daryl G. Press, *Coercive Nuclear Campaigns in the 21st Century*, Monterey, CA, Naval Postgraduate School, 2013 ; John K. Warden, *Limited Nuclear War : The 21st Century Challenge for the United States*, Livermore, CA, Lawrence Livermore National Laboratory – Center for Global Security Research, juillet 2018.

domaine du discours, des exercices, de la planification et par un soutien renouvelé au processus de modernisation de l'ensemble des forces nucléaires[15].

Un recentrage paradoxal

Au terme de deux mandats présidentiels, l'administration Obama a donc dû redécouvrir les fondamentaux de la dissuasion et de la gestion de crise face à des adversaires nucléaires, impulsant en parallèle un processus de modernisation de l'ensemble des forces nucléaires américaines. Le coup de tonnerre qu'a constitué l'arrivée inattendue de Donald Trump à la Maison Blanche, en janvier 2017, paraissait à même d'ébranler cette dynamique. Cependant, si la politique étrangère américaine a connu depuis une série d'inflexions majeures, la posture nucléaire a quant à elle été marquée par une très nette continuité.

Trump et l'ordre nucléaire : socialisation ou rupture ?

Les exigences liées à la stratégie de dissuasion, en particulier l'aptitude à communiquer un ordre de tir dans des situations de contrainte extrême, ont amené toutes les puissances nucléaires à mettre en place des dispositifs de commandement et de contrôle de l'arme nucléaire au sommet desquels se trouve un décideur unique. C'est pourquoi la problématique de l'appropriation par les décideurs politiques des logiques propres à l'arme nucléaire s'est posée de manière naturelle bien avant l'arrivée de Donald Trump[16]. Le parcours du nouveau président des États-Unis, son positionnement politique « anti-système » et, surtout, les traits psychologiques semblant se dégager de son expérience et de ses propos ont renouvelé ces questionnements, et interrogé quant à l'ampleur des bouleversements qu'il provoquerait dans un ordre nucléaire tendant naturellement à n'évoluer que lentement et reposant sur la possibilité latente d'emploi de l'arme nucléaire.

La théorie stratégique de l'ère nucléaire, nourrie de nombreux paradoxes, reconnaît de longue date les bénéfices pouvant être tirés de comportements

15 Pour une analyse des évolutions survenues au sein de l'administration Obama, voir Corentin Brustlein, « La guerre nucléaire limitée : un renouveau stratégique américain », *Focus stratégique*, n °77, novembre 2017, p.23-28.

16 Pour des études de cas historiques sur cette question, voir John Lewis Gaddis, Philip H. Gordon, Ernest R. May et Jonathan Rosenberg dir., *Cold War Statesmen Confront the Bomb. Nuclear Diplomacy Since 1945*, Oxford, Oxford University Press, 1999. Par-delà le niveau des individus, une problématique semblable s'est posée concernant l'apprentissage *par les acteurs étatiques* des logiques propres à l'arme nucléaire. Voir Joseph S. Nye, Jr., « Nuclear Learning and U.S.-Soviet Security Regimes », *International Organization*, vol.41, n°3, 1987, p.371-402.

irrationnels, ou apparaissant comme tels à l'adversaire, dans le cadre de la diplomatie de la violence, conférant à l'attitude du nouveau président américain un potentiel de marchandage théoriquement considérable dans le cadre de négociations ou d'une crise[17]. Ceci étant posé, la fréquence de ses mensonges et de ses contradictions, l'imprécision et l'immense légèreté de certains propos, y compris sur l'arme nucléaire, et la susceptibilité extrême reflétée dans ses interventions publiques font de Donald Trump un partenaire pour le moins délicat du jeu de la dissuasion nucléaire. Ainsi, son aptitude à incarner la seule autorité légitime en charge de décider d'un nouveau recours des États-Unis à l'arme nucléaire a été soulevée avant même son élection[18]. Elle suscite depuis lors des débats aux États-Unis quant à la nécessité de réformer les dispositifs et procédures d'emploi de l'arme nucléaire afin d'en éviter l'initiation par un président impulsif, peu sensible aux conséquences de ses actes et semblant rejeter la tradition de non-emploi de l'arme nucléaire[19].

Plusieurs facteurs étaient toutefois susceptibles d'atténuer les effets de la personnalité du nouveau président des États-Unis sur la posture nucléaire du pays. Un examen de l'ensemble des prises de position de Donald Trump sur l'arme nucléaire antérieures à son élection a mis en évidence des points de continuité avec la plupart de ses prédécesseurs, qu'ils soient démocrates ou républicains – volonté de maintenir un arsenal nucléaire de premier ordre, scepticisme à l'égard du désarmement, intérêt pour la défense antimissile balistique, etc.[20] Mais la confusion des propos du président, sa propension à défendre des positions contradictoires constituent toutefois un défi en vue d'une éventuelle normalisation.

La principale source de normalisation de la posture présidentielle réside en réalité dans les institutions politiques et dans la bureaucratie américaine. Malgré les responsabilités primordiales du président dans le domaine nucléaire, la constitution offre au Congrès des États-Unis un poids considérable sur deux dimensions de la posture, la ratification des traités internationaux et le vote des crédits budgétaires. Surtout, le président reste dépendant de ministres et ministères, de conseillers techniques et d'organisations spécialisées en charge de préparer des plans complexes et disposant d'informations aussi cruciales que cloisonnées – état des menaces et des capacités, priorités de ciblage, procédures d'urgence, etc. – constituant à ce titre une source de continuité dans le fonctionnement quotidien du

17 Thomas C. Schelling, *Arms and Influence*, New Haven, CT, Yale University Press, 1966, p.36-43.
18 Robert Bateman, « Here's Why Trump Can't Be Trusted with the Nuclear Codes », *Esquire.com*, 8 août 2016.
19 Richard K. Betts et Matthew C. Waxman, « The President and the Bomb. Reforming the Nuclear Launch Process », *Foreign Affairs*, mars-avril 2018, p.119-128.
20 Michaels et Williams, « The Nuclear Education of Donald J. Trump », *op. cit.*

système américain[21]. Cette continuité et cette technicité transparaissent en janvier 2017 dans le mémorandum présidentiel confiant au Secrétaire à la Défense la tâche de préparer une posture nucléaire disposant d'une force « robuste », « flexible », « résiliente », et « adaptée »[22], termes témoignant d'une ligne plus dure que celle poursuivie sous Obama et d'une vision pessimiste des exigences de la dissuasion américaine, mais que l'on retrouve peu dans les propos présidentiels[23]. Ce fort décalage s'est maintenu au cours de la première moitié du mandat, tandis que des personnalités comme le Secrétaire à la Défense Mattis, le Secrétaire d'ÉEtat Tillerson ou le Conseiller à la sécurité nationale McMaster ont souvent dû contre-balancer par leurs décisions les positions du Président.

Changement d'objectif, retour aux fondements

En pratique, la *Nuclear Posture Review* (NPR) révélée en février 2018[24] constitue un document assez conservateur dont le contenu reflète la continuité au sein de la posture nucléaire américaine et, pour tout dire, pourrait difficilement contraster davantage avec l'attitude du président Trump.

Si de nombreux commentateurs ont souligné l'ampleur des différences entre les NPR 2010 et 2018, le principal décalage s'explique dans une large mesure par l'évolution de l'environnement stratégique, qui a amené l'administration Trump à recentrer l'exercice de la NPR demandé au Pentagone. La NPR 2010 avait été réalisée dans un contexte international dans lequel, malgré les craintes liées à la prolifération iranienne ou à l'arsenal nord-coréen naissant, le risque de guerre majeure semblait tenu à distance. En avait donc résulté un document identifiant le terrorisme nucléaire comme principale menace, et intégrant par conséquent la problématique de la dissuasion nucléaire dans une politique nucléaire bien plus large. La NPR 2018 opère le mouvement inverse puisqu'elle se fonde sur un constat initial mettant en exergue un environnement international profondément dégradé, le retour de la compétition stratégique entre grandes puissances (Russie, Chine) et le problème posé par des puissances régionales dotées d'armes nucléaires (Corée du Nord) ou susceptibles d'y parvenir (Iran).

21 Janne E. Nolan, *Guardians of the Arsenal. The Politics of Nuclear Strategy*, New York, NY, Basic Books, 1989, p.268-270.
22 *Presidential Memorandum on Rebuilding the U.S. Armed Forces*, National Security Presidential Memorandum, Washington, D.C., White House, 27 janvier 2017.
23 Voir par exemple Keith B. Payne *et al.*, *A New Nuclear Review for a New Age*, Fairfax, VA, National Institute Press, 2017.
24 *Nuclear Posture Review*, Washington, D.C., Department of Defense, février 2018.

La conséquence principale de cette évolution est nette : la dissuasion est à nouveau au cœur de la posture stratégique des États-Unis, et l'arme nucléaire est remise en avant comme étant son principal pilier. Essentiellement consacré aux rôles de l'arsenal nucléaire américain, à sa justification et à la stratégie dans laquelle il s'inscrit, le document n'accorde que peu d'importance à la non-prolifération, au terrorisme nucléaire et à la maîtrise des armements – si ce n'est en passant. La NPR identifie quatre missions principales pour les armes nucléaires, qui incarnent le classicisme d'un document revenant aux fondements de la dissuasion. L'arme nucléaire est ainsi censée contribuer à (1) dissuader les attaques nucléaires ou non-nucléaires visant les intérêts vitaux des États-Unis ; (2) rassurer les alliés et partenaires ; (3) atteindre les objectifs des États-Unis en cas d'échec de la dissuasion ; et (4) aider Washington à se prémunir contre des surprises technologiques ou géopolitiques majeures[25]. En résumé, tandis que la 2010 NPR minimisait le risque d'emploi de l'arme nucléaire provenant des États et affichait en conséquence l'ambition de renforcer les piliers non-nucléaires de la dissuasion, en misant sur l'avantage conventionnel des États-Unis, la 2018 NPR, loin de ces espoirs, rappelle le risque persistant de guerre interétatique, les limites d'une posture de dissuasion ne s'appuyant que sur des capacités conventionnelles et la valeur unique de l'arme nucléaire afin de prévenir les agressions[26].

Comme en 2010, les armes nucléaires des États-Unis n'ont pas pour rôle la prévention des seules attaques nucléaires, et s'inscrivent donc encore dans un rejet d'une posture de non-emploi en premier (*no first use*) de l'arme nucléaire. Toutefois, là où l'administration Obama engageait les États-Unis dans une voie devant, à terme, les mener à réserver l'emploi de l'arme nucléaire pour leurs seules réponses aux attaques nucléaires, la NPR 2018 ne fait plus mention de cet objectif. On y trouve le même engagement que celui pris par les États-Unis de Barack Obama en 2010, excluant tout recours aux armes nucléaires contre un État non doté de l'arme nucléaire et remplissant ses obligations de signataire du Traité de non-prolifération. S'y ajoute néanmoins une différence sensible, puisque la 2018 NPR paraît moins limitative quant à la nature des attaques susceptibles de susciter une riposte nucléaire américaine, soulignant que celles-ci « comportent, sans s'y limiter, les attaques contre les populations et infrastructures des États-Unis, de leurs alliés et de leurs partenaires, ainsi que les attaques contre les forces nucléaires américaines et alliées, leurs systèmes de contrôle et de commandement, ou leurs capacités d'alerte avancée et d'évaluation d'une attaque en cours »[27]. Bien

25 *Ibid.*, p.20.
26 *Ibid.*, p.17.
27 *Ibid.*, p.21.

qu'une telle formulation n'amende que marginalement la doctrine préexistante, elle traduit bien l'abandon, au moins temporaire, de l'ambition d'Obama de réduire la centralité des armes nucléaires et, à l'inverse, la volonté de l'administration de réaffirmer la valeur de la stratégie de dissuasion pour Washington.

Enfin, le sort réservé à l'arsenal nucléaire américain – l'ensemble du volet matériel de la posture – constitue l'un des points de continuité les plus nets entre l'administration actuelle et ses prédécesseurs. Obama avait dès 2010 engagé à reculons la modernisation des forces nucléaires (composantes stratégiques et tactiques) et du complexe de laboratoires de la *National Nuclear Security Administration* (NNSA) du Département de l'Énergie. Les comportements de la Russie, la Chine et la Corée du Nord au cours des dernières années ont largement aidé les partisans de ce renouvellement complet de la gamme capacitaire existante et affaibli la voix des critiques soulignant le coût et les risques de redondance[28]. En préparation de la NPR 2018, au regard des nombreuses injonctions en faveur d'une flexibilité accrue des forces et des prises de position du président américain, le débat public portait moins sur la préservation du programme de modernisation tel que défini sous Obama – qui était tenu pour acquis – que sur son renforcement par le développement de nouvelles capacités, voire la conception de nouvelles armes nucléaires[29]. Là encore, l'administration Trump a fait le choix d'écarter les options les plus radicales – conception d'un nouveau modèle d'arme nucléaire, sortie du moratoire sur les essais nucléaires, etc. – au profit d'une voie plus consensuelle et plus susceptible d'être appuyée par un Congrès étant lui-même assez peu favorable, pour des raisons tant politiques que budgétaires, à la conception de nouveaux modèles d'armes[30]. La 2018 NPR propose ainsi de poursuivre l'ensemble des programmes de modernisation engagés pour les forces stratégiques, et d'étoffer marginalement les options de frappe nucléaire de l'US Navy afin d'y inclure à nouveau des armes nucléaires d'une puissance plus faible que les têtes actuellement déployées sur les sous-marins de classe *Ohio*[31].

28 Voir par exemple Barry Blechman, « A Trillion Dollar Nuclear Weapon Modernization Is Unnecessary », *The New York Times*, 26 octobre 2016 ; Rachel Bronson, « We Should Be Strategic About How the Nuclear Arsenal Is Modernized », *The New York Times*, 26 octobre 2016 ; Steven Pifer, « Long-range stand-off does not make sense, nor do its proposed numbers », *Defense News*, 26 mai 2016.

29 Pour un examen des options, voir notamment Brustlein, « La guerre nucléaire limitée : un renouveau stratégique américain », *op. cit.*, p.31-33 ; Adam Mount, *The Case Against New Nuclear Weapons*, Washington, D.C., Center for American Progress, 2017 ; Payne *et al.*, *A New Nuclear Review for a New Age*, *op. cit.*

30 Sur ce point voir notamment Mount, *The Case Against New Nuclear Weapons*, *op. cit.*, p.3-7 ; Amy F. Woolf, « New Nuclear Warheads: Legislative Provisions », CRS Insight, 5 février 2018.

31 Le NPR 2018 prévoit ainsi de modifier à court terme un nombre réduit de têtes nucléaires W76-1 portées par les missiles balistiques mer-sol *Trident* IID5 et de développer à plus long terme un missile de croisière mer-sol. Cette seconde voie, plus onéreuse, est également présentée

En définitive, malgré des différences notables de ton, la *Nuclear Posture Review* de 2018 ne représente nullement une rupture majeure dans l'évolution de long terme des postures nucléaires américaines. Les discontinuités existent, mais reflètent moins l'arrivée de Donald Trump que la prise en compte des mutations de l'environnement. Si un décalage existe entre les NPR 2010 et 2018, celui-ci s'est produit au sein même des mandats d'Obama, comme en témoignent les auditions au Congrès des principaux responsables du Pentagone sur ces questions – Ashton Carter, Robert Scher, etc. – dans les dernières années précédant l'arrivée au pouvoir de Donald Trump[32], et annonçant des inflexions de la posture américaine que les nouvelles équipes du Pentagone n'ont fait que confirmer. Le caractère relativement orthodoxe de ces révisions reflète d'abord le fait que les nouvelles orientations aient été consolidées à l'issue d'un processus piloté par le Pentagone de James Mattis et impliquant les ministères et agences responsables de la sécurité nationale, à un moment où des visions plus prudentes prédominaient encore au sommet du Département d'État et du Conseil de sécurité nationale (*National Security Council*), plutôt que les préférences du président des ÉEtats-Unis.

La posture nucléaire des États-Unis dans un environnement plus compétitif

La posture nucléaire des États-Unis de Trump ne représente ni une rupture au sein de l'ordre nucléaire ni même une rupture avec les orientations les plus récentes prises par Barack Obama. Toutefois, elle s'inscrit dans une stratégie de plus grande ampleur, repensée et insistant sur la recherche d'une forme de supériorité dans une compétition entre grandes puissances. Or, cette dernière survient dans un cadre politico-stratégique non seulement dégradé, mais affaibli du fait même des orientations américaines.

comme un levier vis-à-vis de la Russie, destiné à inciter celle-ci à revenir en conformité avec ses engagements pris dans le cadre du traité de 1987 d'élimination des Forces Nucléaires Intermédiaires (FNI). *NPR 2018, op. cit.*, p.54-55. L'arsenal avait déjà comporté des missiles de croisière à tête nucléaire tactique, les TLAM-N, que l'administration Obama avait décidé de retirer du service opérationnel en 2010.

32 Voir par exemple la continuité existant entre la NPR 2018 et les propos de Robert Scher, qui était alors *Assistant Secretary of Defense for Strategy, Plans, and Capabilities* : *Statement of Robert Scher Before the Senate Armed Services Subcommittee on Strategic Forces*, Washington, DC, U.S. Senate, 9 février 2016.

Une stratégie de supériorité

La révision de la politique nucléaire des États-Unis a procédé d'une réévaluation de l'environnement sécuritaire et des objectifs stratégiques du pays. Comme sous chaque présidence, la NPR n'est pas née d'un vide stratégique, mais constitue la déclinaison de la Stratégie de sécurité nationale (*National Security Strategy*, NSS) formulée par la Maison Blanche en décembre 2017 et de la Stratégie de défense nationale (*National Defense Strategy*, NDS), achevée par le Pentagone en janvier 2018[33]. Ces documents articulent une vision du monde plaçant la compétition entre grandes puissances au cœur de la grande stratégie américaine, d'une manière inédite depuis la fin de la guerre froide. Considérant sortir d'une période d'« atrophie stratégique » causée par une focalisation excessive sur la menace terroriste, la NDS affiche l'ambition de maintenir les États-Unis en position de prééminence militaire, la capacité à surclasser tout compétiteur étant le fondement de la stratégie de dissuasion nationale – qui intègre non seulement les armes nucléaires, mais également les capacités conventionnelles, les défenses antimissiles et les moyens spatiaux et cybernétiques[34].

La conception voyant dans la supériorité stratégique un fondement de la sécurité nationale, voire comme *son* fondement, n'a rien de récent et remonte en réalité au milieu de la guerre froide. À partir du moment où John F. Kennedy, percevant à tort qu'il existait une infériorité manifeste des États-Unis dans le domaine nucléaire, s'est engagé en 1963 à doter son pays d'un arsenal « sans équivalent », l'ambition a été reprise par la plupart de ses successeurs[35]. Même lorsque la politique officielle n'épousait pas ce degré d'ambition, les États-Unis ont toujours depuis lors cherché à s'affranchir des situations d'égalité relative, d'abord dans le domaine nucléaire, puis dans le domaine conventionnel à partir de la fin de la guerre froide. Depuis la chute du Mur de Berlin, les États-Unis disposent ainsi d'un arsenal nucléaire d'un volume comparable à celui de la Russie, mais considérablement plus sophistiqué et appuyé par des capacités non nucléaires – offensives ou défensives, de combat ou de soutien (renseignement, commandement, communications, etc.) – sans égales. La posture de supériorité stratégique des États-Unis est devenue une réalité tandis que survenait l'effondrement russe et

....

33 *National Security Strategy of the United States of America*, Washington, D.C., The White House, décembre 2017 ; *Summary of the 2018 National Defense Strategy*, Washington, D.C., U.S. Department of Defense, janvier 2018.

34 *Summary of the 2018 National Defense Strategy*, *op. cit.*, p.5-8.

35 L'universitaire Matthew Kroenig souligne à la fois la persistance des politiques poursuivant cet objectif et la pertinence de ce choix dans son récent ouvrage Matthew Kroenig, *The Logic of American Nuclear Strategy. Why Strategic Superiority Matters*, Oxford, Oxford University Press, 2018. Son positionnement est, entre autres, une critique de celui exposé par Robert Jervis, *The Illogic of American Nuclear Strategy*, Ithaca, NY, Cornell University Press, 1984.

le renouvellement des alliances de Washington en Europe et en Asie orientale. La protection des alliés se trouve toujours au cœur des réorientations contenues dans la NPR 2018[36] : la crédibilité des menaces nucléaires américaines étant par essence plus faible lorsqu'il s'agit de protéger Tallinn ou Séoul que pour protéger Washington, les États-Unis cherchent à renforcer la crédibilité de leurs garanties de sécurité par le maintien d'une supériorité conventionnelle et l'aptitude à reprendre l'avantage au cours d'une crise ou d'un processus d'escalade nucléaire.

La préoccupation du Pentagone de James Mattis n'est pas tant de voir un rival devenir supérieur aux États-Unis que d'assister à une érosion de l'avantage dont disposaient ces derniers dans tous les domaines, non sans raison : la Russie et, surtout, la Chine s'efforcent d'investir dans des capacités n'ayant d'autre finalité que de contester la liberté d'action militaire des États-Unis dans les espaces communs (air, mer, espace extra-atmosphérique, cyber[37]) à proximité des territoires russe et chinois. Dans l'esprit du Pentagone, une réduction trop forte de la marge de supériorité des États-Unis face à leurs adversaires ferait courir le double défi d'un risque d'agression accru contre les alliés (échec de la dissuasion) et d'un désalignement d'alliés se sentant insuffisamment protégés par les États-Unis et tentés par conséquent de se rapprocher de leurs adversaires potentiels ou de se doter eux-mêmes de moyens de dissuasion nucléaire propres, affaiblissant en retour le régime de non-prolifération.

Si la NPR se garde ainsi de proposer une révolution doctrinale ou capacitaire dans le domaine nucléaire, elle s'inscrit dans une réorientation ambitieuse de la stratégie de défense américaine initiée depuis l'annexion de la Crimée. L'effort de modernisation engagé touche l'ensemble des composantes des forces armées américaines et a pour vocation de pérenniser le déséquilibre de puissance militaire jouant jusqu'à aujourd'hui en faveur des États-Unis. La primauté stratégique des États-Unis requiert la conservation d'un avantage dans les différentes dimensions de la compétition militaire. Ils ont ainsi entamé en 2014 un effort considérable en vue d'identifier les domaines scientifiques et technologiques appelés à jouer un rôle déterminant dans la guerre à l'horizon des années 2040 et au-delà et, sur cette base, de s'assurer de leur supériorité dans ces secteurs[38]. En investissant massivement dans l'intelligence artificielle, les armes à énergie dirigée ou encore les capacités de frappe hypersoniques, les États-Unis espèrent

36 Francis J. Gavin, « Must We Mean What We Say? Making Sense of the Nuclear Posture Review », *War on the Rocks*, 15 février 2018.

37 Barry R. Posen, « Command of the Commons. The Military Foundation of U.S. Hegemony », *International Security*, vol.28, n°1, été 2003, p.5-46.

38 Chuck Hagel, « The Defense Innovation Initiative », Memorandum, Department of Defense, 15 novembre 2014.

ainsi asseoir dès aujourd'hui la crédibilité de leur stratégie de dissuasion conventionnelle et nucléaire pour les prochaines décennies.

Ce volet militaire de la grande stratégie américaine de compétition n'est pas sans risque. Si l'ambition de supériorité stratégique n'a rien de neuf, elle prend des formes nouvelles à mesure que l'environnement technologique évolue et que la stratégie de dissuasion doit prendre en compte les domaines cybernétique et spatial, pouvant répondre à des logiques distinctes et encore peu familières[39]. Que ce soit sous l'effet de l'instantanéité des attaques cybernétiques et de leur propension aux effets non-désirés ou de la compression des délais de détection et de réponse face à des capacités de frappe hypersonique, le risque d'escalade militaire précipitée au cours d'une crise semble appelé à renaître sous de nouveaux traits[40]. La combinaison d'une stratégie de compétition débridée, d'une ère technologique favorisant les attaques surprises et d'un président des États-Unis réagissant à l'actualité et menaçant d'autres dirigeants par Twitter préoccupe, posant en retour la question de l'articulation entre la stratégie nationale et l'état des relations politico-diplomatiques.

Un cadre diplomatique et stratégique défaillant

Contre toute attente, l'administration Trump a formulé une politique nucléaire dont le cœur consiste à réaffirmer les fondamentaux de la dissuasion américaine. Ce recentrage a représenté un geste positif pour des Alliés européens et asiatiques des États-Unis préoccupés tant par les ambitions de montée en puissance chinoise et de résurgence russe que par les déclarations du candidat – puis du président – Donald J. Trump. C'est sans doute là l'une des limites les plus lourdes de cette révision de la politique nucléaire américaine centrée sur la seule dissuasion, ignorant quasi totalement le cadre diplomatique dans lequel elle s'inscrit.

À bien des égards, la perception américaine de la stratégie russe a constitué le principal moteur des adaptations capacitaires et doctrinales contenues dans la NPR. L'intérêt de Moscou pour les armes nucléaires non-stratégiques, l'opacité maintenue autour de celles-ci et un discours russe ambigu quant à leurs

39 Voir par exemple King Mallory, *New Challenges in Cross-Domain Deterrence*, Santa Monica, CA, RAND Corporation, 2018, p.8-11, 17-20.

40 James M. Acton, « Technology, Doctrine and the Risk of Nuclear War », p.32-55 in Meeting the Challenges of the New Nuclear Age: Emerging Risks and Declining Norms in the Age of Technological Innovation and Changing Nuclear Doctrines, Nina Tannenwald et James M. Acton, dir., Cambridge, MA, American Academy of Arts & Sciences, 2018. ; Corentin Brustlein, « The Erosion of Strategic Stability and The Future of Arms Control in Europe », *Proliferation Papers*, novembre 2018.

conditions d'emploi ont contribué à faire naître à Washington une image extrêmement préoccupante – bien que trop simpliste[41] – de la stratégie russe. Si la NPR expose la manière dont la posture américaine entend se prémunir contre la menace posée par la Russie, elle dit bien peu de la relation politique bilatérale que Washington entend établir avec Moscou. En 2010, la NPR d'Obama se fixait pour objectif le maintien de la stabilité stratégique avec la Russie et la Chine, et s'efforçait ainsi de rassurer celles-ci en soulignant que Washington n'avait ni l'intention ni les capacités de mettre en cause la crédibilité des forces stratégiques russes et chinoises. La maîtrise des armements tenait, dans ce cadre, un rôle central. La NPR 2018, au contraire, renouvelle les accusations américaines de violations ou de contournements russes de nombreuses mesures de confiance et de maîtrise des armements[42] et, prenant acte de cette fragilisation des instruments de sécurité coopérative, accorde une importance bien moindre à la stabilité stratégique[43].

Comme pour confirmer l'assourdissant silence de la NPR sur la maîtrise des armements, le président Trump a annoncé le 20 octobre 2018 son intention de sortir du traité FNI si la Russie et la Chine – qui n'est pas partie au traité et ne saurait s'y soumettre – ne cessaient de développer et de déployer les systèmes d'armes interdits par cet accord de 1987. Tout en présentant cette initiative comme un moyen d'amener deux capitales rivales à limiter leurs propres ambitions militaires, l'administration américaine a dépassé le diagnostic initial d'un environnement non propice à un progrès en matière de maîtrise des armements. Le retrait du traité FNI, appelé de ses vœux depuis des années par le nouveau conseiller à la sécurité nationale du président Trump, John Bolton[44], a donc moins pour vocation d'inciter un adversaire de plus en plus menaçant à accepter des contraintes sur ses capacités qu'à délier les mains de Washington pour la compétition à venir. L'annonce de retrait ayant été confirmée en février 2019 tant par Washington que par Moscou, le traité ne contraindra plus aucune des deux capitales à compter d'août 2019.

Dans cette même logique, l'administration ne se prononce pas encore sur l'extension possible du traité New START au-delà de 2021, date à laquelle le traité

41 Olga Oliker et Andrey Baklitskiy, « The Nuclear Posture Review and Russian 'De-Escalation': A Dangerous Solution to a Nonexistent Problem », *War on the Rocks*, 20 février 2018 ; Bruno Tertrais, « Russia's Nuclear Policy: Worrying for the Wrong Reasons », *Survival*, vol.60, n°2, avril-mai 2018, p.33-44.

42 Traité FNI, traité sur les Forces conventionnelles en Europe, Document de Vienne, Mémorandum de Budapest, Traité Ciel Ouvert.

43 Comme relevé par Bruno Tertrais, « Trump et la Bombe », *Politique internationale*, n° 159, printemps 2018. Pour un regard différent, voir Heather Williams, « Strategic Stability, Uncertainty, and the Future of Arms Control », *Survival*, vol.60, n°2, avril-mai 2018, p.45-54.

44 John R. Bolton et Paula A. DeSutter, « A Cold War Missile Treaty That's Doing Us Harm », *The Wall Street Journal*, 15 août 2011.

est par défaut censé expirer[45]. En rejetant l'idée que la maîtrise des armements serait aujourd'hui en mesure de renforcer la sécurité nationale américaine, l'administration pourrait ainsi laisser disparaître un instrument précieux de transparence et accepter que s'ouvre une phase, inédite depuis des décennies, au cours de laquelle les forces stratégiques des États-Unis et de la Russie ne seraient plus contraintes par aucun instrument juridique – alors même que semble débuter une période d'intense compétition stratégique marquée entre autre par des modernisations croisées des arsenaux.

La négligence du cadre diplomatique dans la politique nucléaire américaine est tout aussi palpable à travers le rapport aux alliés. De manière paradoxale, tous les documents d'orientation de la stratégie de défense publiés depuis l'arrivée de l'administration Trump (NSS, NDS et NPR) insistent sur le rôle central des alliances pour renforcer la sécurité américaine, par contraste avec les préférences exprimées par le Président. Certes, une fois l'annonce par ce dernier de son intention de quitter le traité FNI, l'Alliance Atlantique est parvenue à sauver la face en adoptant une position commune lors du sommet de décembre 2018, reconnaissant l'existence d'un missile russe en violation du traité et repoussant de quelques semaines l'inexorable retrait américain. Aussi prudentes soient-elles, ces orientations et initiatives peinent toutefois à compenser les effets diplomatiques des orientations et des actes de Donald Trump. La dissuasion élargie et la réassurance des alliés sont des entreprises complexes et difficiles d'abord pour des raisons de nature politique : les facteurs militaires ne jouent qu'un rôle secondaire dans les perceptions alliées de la crédibilité des garanties de sécurité offertes par Washington. Que vaudraient les nouvelles capacités nucléaires envisagées dans la NPR 2018 dans un scénario de crise où la sécurité d'un allié serait menacée, si le Président des États-Unis choisissait de ne pas honorer les engagements de Washington à l'égard de ses partenaires ? L'inconstance des propos du président quant à la valeur des alliances risque d'accroître la probabilité de voir un adversaire douter des garanties américaines, mais aussi de voir des alliés adopter des stratégies de désalignement ou d'atténuation des risques (*hedging*).

La difficile coexistence du style et des préférences présidentiels avec la conduite de la diplomatie américaine dépasse le seul cadre de l'OTAN, mais affecte l'ensemble des alliances conclues par les États-Unis et affaiblit en définitive le leadership américain dans la lutte contre la prolifération nucléaire. La décision de retirer les États-Unis du *Joint Comprehensive Plan of Action* (JCPOA)

45 Voir par exemple les auditions de responsables de l'administration au Sénat mi-septembre 2018 : « Status of U.S.-Russia Arms Control Efforts », U.S. Congress, Senate Committee on Foreign Relations, 18 septembre 2018.

conclu avec l'Iran à l'été 2015 et les négociations autour du programme nucléaire nord-coréen reflètent cette tendance. Le retrait américain du JCPOA, annoncé en mai 2018, a moins surpris qu'il n'a déçu les diplomaties européennes tentant de préserver un accord ayant réussi à contraindre durablement la vocation et les capacités du programme nucléaire iranien. Le contraste avec l'approche empruntée par le président américain face à la Corée du Nord ne saurait être plus grand. En quelques mois, la ligne présidentielle vis-à-vis de Pyongyang est passée des menaces directes aux messages porteurs d'espoir – sans que des concessions substantielles aient été faites par Kim Jong-un. La décision de Trump d'annuler les principaux exercices militaires avec la Corée du Sud, fondement de l'efficacité militaire de l'alliance dénoncé de longue date par Pyongyang, semble même avoir été prise sans concertation préalable avec Séoul, ni avec le Pentagone[46]. En définitive, la propension à l'unilatéralisme de Donald Trump affaiblit un leadership américain aussi crucial pour le régime de non-prolifération que pour la crédibilité des garanties de sécurité offertes aux alliés des États-Unis.

* * * * * *

Ces orientations politiques, doctrinales et programmatiques de la posture nucléaire américaine apparaissent dans l'ensemble assez soutenables au cours des prochaines années, malgré des doutes grandissants sur certains éléments du programme de modernisation des forces. Les résultats des élections à mi-mandat et l'évolution du rapport de force à la Chambre des Représentants ont certes réduit la marge de manœuvre de l'administration Trump en donnant aux Démocrates des leviers considérables sur le financement du renouvellement de l'arsenal nucléaire. Le nouveau président de la commission des forces armées de la Chambre, Adam Smith, compte ainsi parmi les parlementaires les plus critiques de la NPR, et ne fait pas mystère de sa volonté d'infléchir la politique nucléaire américaine[47]. Le premier effet de ce changement devrait d'abord viser des éléments marginaux mais politiquement sensibles de la posture, en particulier le développement de plus en plus incertain du nouveau missile de croisière mer-sol à tête nucléaire de faible puissance[48]. Les décisions structurantes de la modernisation des forces stratégiques américaines ayant été initiées par des équipes démocrates, elles apparaissent peu susceptibles d'être remises en cause

46 Eric Schmitt, « Pentagon and Seoul Surprised by Trump Pledge to Halt Military Exercises », *The New York Times*, 12 juin 2018.

47 Voir par exemple une interview récente : « Nothing Endangers the Planet More Than Nuclear Weapons », *Arms Control Today*, décembre 2018, p. 6-9.

48 L'autre programme destiné à donner à la *Navy* des capacités nucléaires « non-stratégiques », à savoir la modification des têtes W76, est si peu exigeant en termes techniques et budgétaires qu'il ne requerra plus de financement au-delà de 2019.

en profondeur – à moins que le style présidentiel ou que la polarisation du jeu politique américain n'affaiblisse en retour le consensus bipartisan qui préexistait en faveur de cet effort budgétaire colossal[49], voire renforce la contestation de l'arme nucléaire au sein de l'opinion publique américaine et en fasse un enjeu de la prochaine élection présidentielle[50]. Le processus entamé de consolidation de l'administration autour d'une ligne idéologique plus radicale sur les affaires étrangères, s'il aboutissait à l'éviction de James Mattis après celles de Rex Tillerson et H.R. McMaster, pourrait accentuer cette polarisation, alors même que le nombre de problématiques budgétaires voyant une opposition partisane devrait croître avec la mise en œuvre de la nouvelle politique américaine de défense antimissile, s'appuyant notamment sur des capacités spatiales, et les efforts visant à déployer des missiles sol-sol jusqu'alors interdits par le traité FNI.

L'Amérique semble déterminée à se mettre en ordre de marche afin de conserver ses avantages au terme de la compétition stratégique engagée avec la Russie et, surtout, la Chine. La posture de dissuasion formulée par l'administration Trump reflète dans une large mesure cette ambition. Après avoir initialement évité de participer activement au démantèlement de l'architecture de maîtrise des armements édifiée à la fin de la guerre froide, les États-Unis de Trump ont annoncé leur intention de sortir du traité FNI afin de se débarrasser d'un accord vu comme une contrainte de plus en plus encombrante dans la perspective de cette compétition stratégique. En posant les bases d'un maintien d'une situation de supériorité stratégique jouant à son avantage, Washington accepte le risque d'exacerber les perceptions de vulnérabilité russe et chinoise et de mettre en danger la sécurité de ses alliés. Bien que les programmes de modernisation des arsenaux nucléaires et les choix doctrinaux de Moscou et Pékin aient d'autres racines que les seules décisions américaines, le choix assumé de la compétition stratégique entre grandes puissances pourrait porter un coup fatal aux régimes internationaux de maîtrise des armements nucléaires et conventionnels et exacerber les tensions au sein même d'une communauté transatlantique qui, ainsi, aborderait désunie une ère de tensions renouvelées.

☑

49 Jon B. Wolfsthal, Jeffrey Lewis et Marc Quint, *The Trillion Dollar Nuclear Triad*, Monterey, CA, James Martin Center for Nonproliferation Studies, janvier 2014.

50 Heather Hurlburt, « Why Nuclear Weapons Are Shaping Up As a Big 2020 Campaign Issue », *New York Magazine*, 6 décembre 2018, accessible à l'adresse : http://nymag.com/intelligencer/2018/12/nuclear-weapons-2020-campaign-issue-trump-russia-treaty.html.

Bibliographie

Acton, James M., « Technology, Doctrine and the Risk of Nuclear War », p.32-55 in *Meeting the Challenges of the New Nuclear Age: Emerging Risks and Declining Norms in the Age of Technological Innovation and Changing Nuclear Doctrines*, Nina Tannenwald et James M. Acton, dir., Cambridge, MA, American Academy of Arts & Sciences, 2018.

Betts, Richard K. et Waxman, Matthew C., « The President and the Bomb. Reforming the Nuclear Launch Process », *Foreign Affairs*, mars-avril 2018, p.119-128.

Brustlein, Corentin, « Désarmement nucléaire l'ambition empêchée d'Obama », p.135-148 in *Les États-Unis et la fin de la grande stratégie ? Un bilan de la politique étrangère d''Obama*, Maud Quessard et Maya Kandel, dir., IRSEM, 2017.

Brustlein, Corentin, « La guerre nucléaire limitée un renouveau stratégique américain », *Focus stratégique*, n° 777, novembre 2017.

Gavin, Francis J., « Must We Mean What We Say? Making Sense of the Nuclear Posture Review », *War on the Rocks*, 15 février 2018, accessible à l'adresse : <https://warontherocks.com/2018/02/must-mean-say-making-sense-nuclear-posture-review/>.

Kroenig, Matthew, *The Logic of American Nuclear Strategy. Why Strategic Superiority Matters*, Oxford, Oxford University Press, 2018.

Lieber, Keir A. et Press, Daryl G., *Coercive Nuclear Campaigns in the 21st Century*, Monterey, CA, Naval Postgraduate School, 2013.

Mallory, King, *New Challenges in Cross-Domain Deterrence*, Santa Monica, CA, RAND Corporation, 2018.

Michaels, Jeffrey et Williams, Heather, « The Nuclear Education of Donald J. Trump », *Contemporary Security Policy*, vol.38, n°1, 2017.

Mount, Adam, *The Case Against New Nuclear Weapons*, Washington, D.C., Center for American Progress, 2017.

Nuclear Posture Review Report, Washington, D.C., Department of Defense, 2010.

Nuclear Posture Review 2018, Washington, D.C., Department of Defense, 2018.

Oliker, Olga et Baklitskiy Andrey, « The Nuclear Posture Review and Russian 'De-Escalation': A Dangerous Solution to a Nonexistent Problem », *War on the Rocks*, 20 février 2018, accessible à l'adresse : <https://warontherocks.com/2018/02/nuclear-posture-review-russian-de-escalation-dangerous-solution-nonexistent-problem/>

Payne, Keith B. *et al.*, *A New Nuclear Review for a New Age*, Fairfax, VA, National Institute Press, 2017.

Posen, Barry R., « Command of the Commons. The Military Foundation of U.S. Hegemony », *International Security*, vol.28, n°1, été 2003, p.5-46.

Roberts, Brad, *The Case for U.S. Nuclear Weapons in the 21st Century*, Stanford, CA, Stanford Security Studies, 2016.

Tertrais, Bruno, « Russia's Nuclear Policy: Worrying for the Wrong Reasons », *Survival*, vol. 60, n°2, avril-mai 2018, p.33-44.

Tertrais, Bruno, « Trump et la Bombe », *Politique internationale*, n° 159, printemps 2018.

Warden, John K., *Limited Nuclear War The 21st Century Challenge for the United States*, Livermore, CA, Lawrence Livermore National Laboratory – Center for Global Security Research, juillet 2018.

Williams, Heather, « Strategic Stability, Uncertainty, and the Future of Arms Control », *Survival*, vol.60, n°2, avril-mai 2018, p.45-54.

Les États-Unis au défi des guerres irrégulières

Elie Tenenbaum[*]

Résumé

La guerre irrégulière est une forme de conflictualité qui hante la grande stratégie et la politique de défense des États-Unis malgré leurs efforts pour s'y soustraire. Les attentats du 11 septembre 2001 et les opérations militaires qui suivirent en Afghanistan, en Irak et ailleurs avaient ouvert un nouveau « cycle irrégulier » placé sous le sceau de l'interventionnisme et d'un renouveau de la contre-insurrection – doctrine abandonnée depuis la guerre du Vietnam – qui atteint un apogée à la fin du mandat de George W. Bush. L'arrivée de Barak Obama devait annoncer un certain reflux, marqué par la volonté de se désengager d'Irak, puis d'Afghanistan et de renforcer les partenaires locaux, plus à même de peser sur ces conflits complexes. Ce projet d'architecture de sécurité va pourtant s'effondrer sous les coups des printemps Arabes, du renouveau djihadiste et des stratégies « hybrides » par la Russie, la Chine et l'Iran. Face à cet imbroglio, la nouvelle administration Trump tempête et hésite, balançant entre une rhétorique de désengagement et une pratique de redoublement des efforts.

Le 19 décembre 2018, le président Donald Trump déclarait avoir gagné la guerre contre l'État Islamique en Irak et en Syrie et vouloir désormais ramener les *boys* chez eux[1]. Sept ans plus tôt, en juin 2011 son prédécesseur Barack Obama se félicitait pour sa part de ce que « la marée de la guerre soit en reflux » : ayant mis fin au mandat des troupes d'Irak, il annonçait du même coup le calendrier de retrait d'Afghanistan[2]. Ce faisant, il faisait mentir à son tour la fameuse bannière « *mission accomplished* » qui accueillait George W. Bush sur le porte-avion USS *Abraham Lincoln* en 2003 après l'entrée des troupes à Bagdad. Depuis près de deux décennies, les États-Unis n'en finissent pas de proclamer, sans cesser d'être démentis, la fin prochaine de leur engagement dans des guerres irrégulières,

* Elie Tenenbaum est chercheur au Centre des Études de Sécurité de l'IFRI et coordinateur du Laboratoire de Recherche sur la Défense (LRD)

1 Donald J. Trump, « After historic victories against ISIS, it's time to bring our great young people home! », *Twitter*, 19 décembre 2018.

2 Barack Obama, Remarks by the President on the Way Forward in Afghanistan, The White House, Office of the Press Secretary, 22 juin 2011.

longues, coûteuses et indécises. Déjà au lendemain de la guerre du Vietnam, l'Amérique entendait refouler ce mode de conflictualité qui semblait s'opposer en tout point à l'*American Way of War*, tel que décrit dès 1973 par Russell Weigley[3]. Dix ans plus tard, le Secrétaire à la Défense de Ronald Reagan, Caspar Weinberger, avait même érigé en « doctrine »[4] la préférence américaine pour des guerres « régulières », ou du moins telles que l'Occident moderne a pu les définir à partir de la Renaissance : menées par des États-nations soumis au régime politico-juridique « westphalien », par l'entremise d'armées à haute intensité en capital, privilégiant la technologie et la puissance de feu en quête de la bataille décisive[5].

En contre-point, la guerre irrégulière se joue des catégories traditionnelles, mêle combattants et non-combattants, acteurs étatiques et non-étatiques, privilégie la guérilla aux grandes manœuvres et adopte une stratégie indirecte dans laquelle les moyens non-militaires priment sur le sort des armes dans l'issue finale du conflit. La doctrine militaire américaine définit aujourd'hui la guerre irrégulière comme « une lutte violente entre acteurs étatiques et non-étatiques pour la légitimité et l'influence sur une population donnée »[6]. Son périmètre s'articule autour de cinq types d'activités opérationnelles spécifiques : la *stabilisation*, la *contre-insurrection*, le *contre-terrorisme*, la *guerre non conventionnelle*, c'est-à-dire le soutien à une guérilla étrangère, et enfin l'*assistance étrangère à la défense intérieure* qui inclut la formation des forces de sécurité partenaires contre des périls irréguliers[7].

Ces cinq lignes d'opérations sont étroitement liées et leur importance respective au sein du « mix irrégulier » varie en fonction des impératifs de la grande stratégie américaine, mais aussi de l'évolution de la forme des menaces et du processus d'apprentissage et d'adaptation de la communauté et de la sécurité nationale. Ainsi, après avoir fait évolué le contre-terrorisme vers la contre-insurrection à la faveur des ambitions considérables de la « guerre globale contre la terreur » inaugurée par George W. Bush, la communauté de défense américaine s'est réorientée sous Barack Obama vers une approche plus discrète, faisant la part belle aux forces spéciales, tournées vers le contre-terrorisme, les partenariats et

3 Russell Weigley, *The American Way of War*, New York, MacMillan, 1973.
4 Caspar Weinberger, « The Uses of Military Power », National Press Club, Washington, 28 novembre 1984.
5 Sur les catégories « guerre régulière » et « guerre irrégulière », lire Élie Tenenbaum, *Partisans et centurions. Une histoire de la guerre irrégulière au XXe siècle*, Paris, Perrin, 2018, p.13-15.
6 *Department of Defense Dictionary of Military and Associated Terms*, Washington, DC, juin 2018, p.120.
7 Chacun de ces termes correspond à des opérations bien définies dans la doctrine militaire américaine. Leur regroupement sous le terme de « guerre irrégulière » (*irregular warfare*) a pour la première fois été explicité dans la *Quadrennial Defense Review* de 2006 JOC, IW2008

la guerre non conventionnelle[8]. Les impasses successives auxquelles ont conduit ces différentes approches posent la question de l'inadaptation persistante du modèle de guerre américain à ce mode de conflictualité en même temps que l'impossibilité de lui tourner le dos[9]. Comment les administrations Bush, Obama et Trump, et plus généralement la communauté de sécurité nationale américaine, ont-elles pris en compte le défi persistant de la guerre irrégulière et cherché à le relever en dépit des réticences culturelles à l'égard de ce mode de conflictualité.

De la guerre contre le terrorisme à la contre-insurrection

La guerre irrégulière a pris, aux États-Unis, divers visages au fil des siècles : la « petite guerre » des forêts de la période coloniale jusqu'à la guerre d'Indépendance, la lutte contre les Indiens avant et après la guerre de Sécession, les « *small wars* » des Philippines, des Caraïbes et d'Amérique centrale du premier XXe siècle, avant de se caractériser par la lutte contre la « subversion communiste », à travers le Tiers-Monde tout au long de la guerre froide en mêlant tour à tour la guerre non conventionnelle de la CIA – du soutien à la guérilla albanaise en 1948 à celle des moudjahidines afghans des années 1980 –, la contre-insurrection – au Vietnam principalement – et la *Foreign Internal Defense* – à travers toute l'Amérique latine[10]. Tantôt centrale, tantôt marginale selon les époques, cette

8 David E Sanger, *Confront and conceal: Obama's secret wars and surprising use of American power*, New York, Broadway Books, 2013.

9 M.L.R. Smith et David Martin Jones, *The political impossibility of modern counterinsurgency: strategic problems, puzzles, and paradoxes*, New York, Columbia University Press, 2015, 262 p.

10 La littérature sur la pratique américaine de la guerre irrégulière est considérable. En se limitant à quelques ouvrages de référence, on citera, pour la période pré-coloniale : John Grenier, *The first way of war: American war making on the frontier, 1607-1814*, Cambridge, UK ; New York, Cambridge University Press, 2005, 232 p. Sur les guerres indiennes et les *Banana Wars* : Andrew J. Birtle, *United States Army Counterinsurgency and Contingency Operations Doctrine, 1860-1941*, Washington, DC, Center for Military History, 1998 ; Keith B. Bickel, *Mars learning: the Marine Corps development of small wars doctrine, 1915-1940*, Boulder, Westview Press, 2001, 274 p. Sur la période couvrant la guerre froide, on se reportera, pour la contre-insurrection et la *Foreign Internal Defense* au Vietnam et ailleurs, à Douglas S. Blaufarb, *The Counter-Insurgency Era : US Doctrine and Practice*, New York, Macmillan, 1977 ; Michael McClintock, *Instruments of Statecraft. U.S. Guerrilla Warfare, Counterinsurgency, and Counter-terrorism, 1940-1990*, New York, Pantheon Books, 1992 ; Andrew J. Birtle, *United States Army Counterinsurgency and Contingency Operations Doctrine, 1942-1976*, Washington, DC, Center for Military History, 2006. Sur les opérations clandestines et les forces spéciales, Alfred H. Paddock, *US Army Special Warfare. Its Origins. Psychological and Unconventional Warfare, 1941-1952*, Washington, DC, National Defense University Press, 1982 ; Sarah-Jane Corke, *US Covert Operations and Cold War Strategy: Truman, Secret Warfare, and the CIA, 1945-1953*, New York, Routledge, 2008 ; Richard J. Aldrich, *The Hidden Hand. Britain, America, and Cold War Secret Intelligence*, London, John Murray Pub., 2001 ; James Callanan, *Covert Action in the Cold War: US Policy, Intelligence, and CIA Operations*, London ; New York, I.B. Tauris, 2010.

« contre-culture »[11] stratégique américaine a évolué au gré du système international mais n'a jamais disparu. Avec les attentats du 11 septembre 2001, le contre-terrorisme devient le trait dominant de l'approche américaine de guerre irrégulière tout autant qu'un élément majeur de la politique de sécurité nationale.

Le contre-terrorisme s'est développé aux États-Unis à partir de la fin des années 1970, pour faire face à la montée en puissance des actes de « guérilla urbaine » tels que les prises d'otages et les détournements d'avion, perpétrés par des groupes révolutionnaires ou nationalistes cherchant à attirer l'attention sur leur cause par des actions spectaculaires. En sus des mesures politiques, juridiques ou diplomatiques que les administrations Nixon-Ford, Carter et Reagan vont déployer pour lutter contre ce phénomène, le volet militaire repose essentiellement sur le recours à des forces spécialisées dans les opérations de libération d'otages. Créées sur le modèle des SAS britanniques ou de la Sayeret matkal israélienne, la Delta Force de l'US Army et la SEAL team 6 de l'US Navy sont réunies au lendemain du fiasco de l'opération *Eagle Claw* (1980) en Iran, sous l'autorité Joint Special Operations Command (JSOC)[12]. Cette petite *task force* va progressivement inclure dans ses compétences l'élimination de « cibles à haute valeur » (HVT), telles que les chefs d'organisations désignées comme terroristes à l'instar de Mohamed Farrah Aidid en Somalie en 1993 ou Oussama Ben Laden en Afghanistan en 1998. Dans ce cadre, le JSOC coopère étroitement avec la direction des opérations de la CIA qui se dote à partir de 1986 d'un Counterterrorism Center[13].

Le 11 septembre annonce une mutation spectaculaire avec l'adoption du concept de « guerre » contre le terrorisme qui véhicule une approche beaucoup plus large que le contre-terrorisme des années passées. Pour protéger l'Amérique de cette menace, la nouvelle administration de George W. Bush, prône la politique du « changement de régime »[14], inspirée par le mouvement néoconservateur, visant à renverser les gouvernements qui soutiennent ou protègent les groupes terroristes. Les Talibans en Afghanistan qui accueillent al-Qaïda depuis 1996, sont la première cible de cette nouvelle stratégie. Pour y parvenir rapidement, ce ne sont pas les spécialistes du contre-terrorisme mais de la guerre non conventionnelle (« bérets verts » de l'US Army notamment) qui sont mobilisés. Sous la supervision de la CIA, ces derniers ont pour tâche de s'associer

11 Jan K. Gleiman, « The American Counterculture of War: Supporting Foreign Insurgencies and the American Discourse of War », *Special Operations Journal*, 2015, vol.1, n°1, p.19–36.

12 Sean Naylor, *Relentless strike: the secret history of Joint Special Operations Command*, First edition, New York, St. Martin's Press, 2015, 540 p.

13 Mark Mazzetti, *The way of the knife: the CIA, a secret army, and a war at the ends of the Earth*, New York, New York, Penguin Books, 2014, 381 p.

14 Robert Litwak, *Regime change: US strategy through the prism of 9/11*, Washington, D.C., Woodrow Wilson Center Press, 2007, 406 p.

aux forces de l'Alliance du Nord, résistance anti-Talibans longtemps menée par le commandant Ahmed Shah Massoud, et de coordonner leur action avec les frappes de l'US Air Force. Le secrétaire à la Défense Donald Rumsfeld voit alors dans cette combinaison des moyens clandestins, de forces spéciales et de frappes aériennes de précision la quintessence de « l'avenir de la guerre »[15] pour les États-Unis.

Parallèlement à l'intervention en Afghanistan, la guerre contre le terrorisme comporte d'autres volets, moins spectaculaires, sur des « théâtres périphériques » à l'intérieur de pays, où sévit le terrorisme sans qu'ils en soient tenus pour responsables. Deux modes d'action émergent, relevant tous deux du champ de la guerre irrégulière. Le premier est un contre-terrorisme qui prolonge, mais avec une ampleur nouvelle, les tendances des années 1990. Co-piloté par le JSOC et la CIA, il se consacre à partir du 11 septembre presqu'exclusivement au démantèlement d'un réseau global de HVT, soit par leur élimination physique, soit par leur capture et leur interrogatoire dans des pays partenaires (*rendition*) ou sur le camp de détention militaire de Guantanamo spécialement créé pour accueillir de « combattants illégaux ». À cette fin les drones armés émergent comme l'un des vecteurs adaptés à ce type d'opération car combinant à la fois le renseignement et l'exploitation (létale) des cibles. Le second mode d'action est la *Foreign Internal Defense* (FID), c'est-à-dire l'assistance à des forces de sécurité locales, souvent par des conseillers issus des forces spéciales, en vue d'accroître leurs propres moyens anti-terroristes.

À l'opération *Enduring Freedom – Afghanistan* s'ajoutent ainsi d'autres théâtres au premier rang desquels le Pakistan dont les zones tribales ont servi de refuge à al-Qaïda comme à nombre de Talibans et qui coopère, bon gré mal gré, avec son ombrageux partenaire américain. Plus à l'Est, une opération *Enduring Freedom – Philippines* est lancée en janvier 2002 : ses effectifs atteignent rapidement 1700 hommes, issus du commandement des forces spéciales du Pacifique (SOPAC), lesquelles participent aux côtés des forces de sécurité philippines à la lutte contre le groupe djihadiste Abou Sayyaf dans le Sud de l'archipel[16]. L'Afrique est un autre espace de cette « stratégie périphérique » : en juin 2002, les États-Unis installent une base aérienne au camp Lemonier à Djibouti, d'où décollera en novembre l'un des tout premiers drones armés en direction du Yémen – un autre front de la guerre contre le terrorisme – pour éliminer Abou Ali al-Harithi,

15 Donald H. Rumsfeld, « Transforming the Military », *Foreign Affairs*, 2002, vol.81, n°3, p.20-32 ; Stephen Biddle, « Afghanistan and the Future of Warfare », *Foreign Affairs*, 2003, vol.82, n°2, p.31-46.

16 Maria Ryan, « 'War in countries we are not at war with': The 'war on terror' on the periphery from Bush to Obama », *International Politics*, mars 2011, vol.48, n°2-3, p.364-389

chef d'al-Qaïda dans la Péninsule Arabique, impliqué dans l'attaque de l'USS *Cole*. C'est aussi en 2002 que Washington met en place la *Pan-Sahel Initiative* qui vise à renforcer les moyens de lutte antiterroriste du Tchad, du Niger et de la Mauritanie. Avec la création d'AFRICOM en 2007, l'initiative débouchera sur l'opération *Enduring Freedom – Trans-Sahara*, toujours active aujourd'hui[17].

Cette pratique américaine relativement discrète du contre-terrorisme va cependant être éclipsée avec le détournement de la guerre contre le terrorisme en direction de l'Irak de Saddam Hussein qu'il s'agit alors, selon la doxa néoconservatrice en vogue à l'époque, de renverser afin d'insuffler la démocratie au Moyen-Orient[18]. En dépit d'une tentative de reproduire avec les Kurdes irakiens le type de partenariat irrégulier noué en 2001 avec l'Alliance du Nord, l'opération *Iraqi Freedom* demeure essentiellement conventionnelle dans sa conception. Après une chute du régime obtenue en six semaines, le succès de l'entreprise semble vite compromis par la flambée de violences qui ensanglante le pays dès le Ramadan de novembre 2003, puis tout au long de l'année 2004, particulièrement au cours des deux batailles de Falloujah qui opposent les troupes conventionnelles américaines à une, voire plusieurs insurrections[19].

Émanant à la fois d'une adaptation tactique de la part d'officiers américains engagés sur le terrain et d'une réflexion stratégique menée par la communauté académique et les *think tanks*, une « nouvelle ère de la contre-insurrection »[20] émerge alors à partir de 2005. La *Quadrennial Defense Review* de 2006 réintègre ainsi la « guerre irrégulière » au rang des missions des forces conventionnelles – et non plus des seules forces spéciales[21]. Le terme de « contre-insurrection », banni des documents officiels depuis 1965, réapparaît lui aussi avec la publication en décembre 2006, du manuel *FM 3-24, Counter-insurgency*, rédigé sous la supervision de Petraeus. Ce document préconise l'adoption d'une approche centrée sur la protection des populations et le renforcement de la gouvernance, embrassant à la fois le contre-terrorisme, la FID mais aussi les affaires civiles, l'aide au développement et les opérations d'information[22]. Cette mutation

17 Maya Kandel, « Le dilemme sécurité-libertés : les contradictions de la politique américaine en Afrique », *Politique américaine*, 2014, vol.24, n°2, p.129-142.

18 Alexandra de Hoop Scheffer, *Hamlet en Irak*, Paris, CNRS, 2007, 158 p.

19 Thomas E Ricks, *Fiasco the American military adventure in Iraq*, New York, Penguin Press, 2006.

20 David H. Ucko, *The New Counterinsurgency Era: Transforming the U.S. Military for Modern Wars*, Washington, D.C, Georgetown University Press, 2009. Stéphane Taillat, « "L'impuissance de la puissance" ? : Une approche sociologique de la contre-insurrection américaine en Irak », *Politique américaine*, 2012, vol.19, n°1, p.27-48.

21 R. S. Dudney, « The QDR has Landed, Sort of », *Airforcemagazine.com*, 16 février 2006.

22 Department of the Army, *FM 3-24, Counterinsurgency*, Washington, DC, 2006. Sur la rédaction du document lire Conrad C. Crane, *Cassandra in Oz: counterinsurgency and future war*, Annapolis, Maryland, Naval Institute Press, 2016, 307 p.

s'accompagne d'une évolution parallèle à l'échelon politique avec l'arrivée au pouvoir d'un clan pragmatique, incarné par le nouveau Secrétaire à la Défense, Robert Gates, qui ne fait pas mystère de sa volonté de revoir à la baisse les objectifs – plus question d'apporter la démocratie en Irak mais simplement de stabiliser le pays – tout en accroissant les ressources par le « *Surge* » de 20 000 hommes supplémentaires annoncé en janvier 2007, permettant d'atteindre le ratio de vingt soldats pour mille habitants édicté dans le FM 3-24[23].

Contre toute attente, le pari de Gates et Petraeus est relevé. Le niveau de violence dans le pays connaît en deux ans une baisse spectaculaire, de l'ordre de 70 % pour les pertes civiles et militaires, qui donne *in extremis* une perspective de sortie par le haut de la crise. L'impact du *Surge* dans cette évolution favorable du conflit fait néanmoins débat : l'apport d'effectifs supplémentaires et l'adoption de nouvelles tactiques contre-insurrectionnelles s'est en effet combiné avec la dynamique politique du *Sahwa*, « réveil » des tribus sunnites, notamment dans la province d'Anbar, lesquelles se retournent contre les djihadistes, et forment des milices (*Abna al-Iraq*) combattant au nom du gouvernement de Nouri al-Maliki à Bagdad[24]. Alors qu'al-Qaïda et sa filiale locale, l'État islamique en Irak, sont isolés et perdent du terrain dans le triangle sunnite, les forces irakiennes, équipées, entraînées et appuyées par la coalition, rétablissent leur autorité sur le Sud chiite, tombé entre les mains de l'armée du Mahdi.

À la fin du deuxième mandat de George Bush en 2008, la situation s'est radicalement transformée et les conditions semblent réunies pour permettre aux États-Unis un retrait honorable qui n'ait pas le parfum de la défaite. La contre-insurrection est alors en passe de redevenir, pour la première fois depuis Kennedy, « le paradigme dominant » de la grande stratégie américaine[25]. et elle entraîne dans son sillage la revalorisation de la guerre irrégulière dans son ensemble. Rompant avec une longue histoire de marginalité doctrinale, une directive du Pentagone éditée en décembre 2008 établit officiellement que « la guerre irrégulière doit être reconnue comme stratégiquement aussi importante

23 Thomas E. Ricks, *The gamble: General David Petraeus and the American military adventure in Iraq, 2006-2008*, New York, Penguin Press, 2009, 394 p; Fred M. Kaplan, *The insurgents: David Petraeus and the plot to change the American way of war*, New York, Simon & Schuster, 2013.

24 Stephen Biddle, Jeffrey A. Friedman, et Jacob N. Shapiro, « Testing the Surge: Why Did Violence Decline in Iraq in 2007? », *International Security*, juillet 2012, vol.37, n°1, p.7-40.

25 Frank L. Jones, « The Guerrilla Warfare Problem Revolutionary War and the Kennedy Administration Response, 1961-1963 », *in* J. Boone Bartholomees, dir., *The US Army War College Guide to National Security Issues*, 4e ed., Carlisle, PA, Strategic Studies Institute, U.S. Army War College, 2010, vol.II, p.397-411.

que la guerre conventionnelle »[26] dans l'organisation et la préparation des forces américaines.

L'Afghanistan et la disgrâce de la contre-insurrection

Tout au long de sa campagne électorale, Barack Obama n'a pas fait mystère de son scepticisme à l'égard de l'aventure irakienne qu'il avait condamnée dès 2003. Un mois seulement après avoir prêté serment, il annonce le retrait des troupes et la fin prochaine de l'opération *Iraqi Freedom*. Soucieux de redonner à la lutte contre al-Qaïda la centralité qu'elle a perdue suite à la diversion irakienne, Obama n'a eu de cesse de présenter l'Afghanistan comme le véritable théâtre important à la sécurité des États-Unis. Le fait est que la situation s'y est graduellement détériorée depuis 2006, résultat du détournement de l'attention et des efforts américains au profit de l'Irak, mais aussi de l'incapacité du régime de Hamid Karzaï à proposer un projet politique crédible à sa population ainsi que de la réorganisation des Talibans depuis leurs bases derrière la frontière pakistanaise[27]. Conscient de la nécessité de changer de stratégie, le président démocrate nomme en juin 2009 le général McChrystal, ancien chef du JSOC entre 2003 et 2008, à la tête des forces de la coalition en Afghanistan. Il apparaît vite que ce proche de David Petraeus – devenu pour sa part commandant du CENTCOM qui supervise l'ensemble des opérations au « Grand Moyen-Orient » – entend y préconiser l'application de la nouvelle doctrine de contre-insurrection. En effet, à peine a-t-il terminé sa revue de la situation, que McChrystal réclame au Président 40 000 hommes supplémentaires avec la ferme intention de reproduire en Afghanistan le modèle du *Surge* irakien. Hésitant entre l'optimisme de Petraeus et Gates – ce dernier ayant conservé son poste de Secrétaire à la Défense – et le scepticisme de son conseiller à la sécurité nationale, Tom Donilon et de son Vice-Président Joe Biden, le président se résout finalement à un entre-deux ambigu. Dans un discours prononcé à West Point le 1er décembre 2009 il annonce qu'il enverra 30 000 soldats supplémentaires en Afghanistan mais aussi qu'il entend commencer à les retirer dès le printemps 2011[28]. Nombreux sont ceux qui ont souligné alors à quel point la seconde partie de cette déclaration annulait aussitôt l'effet de la première, l'affichage d'une date de fin de l'opération – quel

26 « Irregular Warfare », Department of Defense Directive No.3000.07, 1er décembre 2008.

27 Antonio Giustozzi, *Koran, Kalashnikov, and laptop: the Neo-Taliban Insurgency in Afghanistan*, New York, Columbia University Press, 2008.

28 Sheryl G. Stolberg, Helene Cooper, « Obama Adds Troops, but Maps Exit Plan », *The New York Times*, 1er décembre 2009; Bob Woodward, *Obama's wars*, New York, Simon & Schuster, 2010, p.309-317.

que soit le résultat sur le terrain – ne pouvant qu'envoyer un message négatif aux partenaires afghans et inciter l'insurrection à jouer la montre[29].

Après une petite année de commandement au cours duquel l'effort essentiel est porté sur la montée en puissance de l'armée nationale afghane (ANA) et la reconquête de la province du Helmand, l'une de celles où l'insurrection est la plus puissante, le général McChrystal est relevé de son commandement pour avoir remis en cause les choix du président dans une interview au magazine *Rolling Stone*[30]. David Petraeus est choisi pour lui succéder. Mais à Washington, on s'impatiente et les opposants à la contre-insurrection aiguisent leurs arguments. Les uns critiquent les fausses leçons que la doctrine croit tirer de l'histoire et insistent sur la naïveté et/ou le danger de cette entreprise d'ingénierie sociale[31]. D'autres dénoncent le risque de dévoyer les armées – et singulièrement les forces terrestres – de leur cœur de métier, à savoir la capacité à mener un combat de haute intensité face à un adversaire étatique[32]. Et pour cause, la guerre de Géorgie, à l'été 2008, a démontré le retour de la puissance militaire russe tandis que la crise économico-financière a accru les craintes d'un déclassement américain au profit de l'ascension chinoise. Déjà en novembre 2011, la Secrétaire d'État Hillary Clinton annonce la volonté de l'administration américaine d'amorcer un « pivot » de ses priorités vers l'Asie-Pacifique[33].

Pressé par la Maison Blanche de délivrer des résultats, Petraeus délaisse le patient travail de stabilisation que recommandait son propre manuel pour renforcer les missions « *kill-or-capture* » des forces spéciales contre les cadres clés du mouvement Taliban. Cette stratégie qui relève plus d'une forme de contre-terrorisme accéléré que de la contre-insurrection ne prend pas le temps de construire un soutien auprès de la population. Désenchanté par les frustrations du *nation building*, l'exécutif américain réduit ses ambitions en matière de gouvernance et se dit prêt à se contenter d'un « *Afghan good enough* »[34]. Enfin, Obama respecte son calendrier de retrait et annonce en juin 2011 le début de

29 Élie Tenenbaum, « L'Amérique en guerre: grandeur et décadence de la contre-insurrection », *Politique étrangère*, 2011, vol.76, n°3, p.617-629; Gilles Dorronsoro, *Waiting for the Talban*, Washington, DC, Carnegie Endowment for International Peace, septembre 2012.

30 Stanley A. McChrystal, *My share of the task: a memoir*, New York, Portfolio/Penguin, 2013, 452 p.

31 M.L.R. Smith et David Martin Jones, *The political impossibility of modern counterinsurgency, op. cit.*; Douglas Porch, *Counterinsurgency: exposing the myths of the new way of war*, New York, Cambridge University Press, 2013, 434 p; Gian P. Gentile, *Wrong turn: America's deadly embrace of counterinsurgency*, New York, The New Press, 2013, 189 p.

32 Thomas R. Mockaitis, *The COIN Conundrum: The Future of Counterinsurgency and U.S. Land Power*, Carlisle, PA, Strategic Studies Institute, 2016.

33 Hillary Clinton, 'America's Pacific Century', *Foreign Policy*, November 2011; voir Hugo Meijer in folio.

34 Anthony Cordesman, « Time to Focus on "Afghan Good Enough" », Center for strategic and international studies, 1er mai 2012.

la décrue des effectifs avec une fin de mission prévue en 2014. C'est aussi le moment où Robert Gates quitte son poste de Secrétaire à la Défense – il décrira par la suite avec amertume ce qu'il perçoit être l'état d'esprit d'Obama vis-à-vis du dossier afghan :

> Le président ne fait pas confiance à son commandant [Petraeus], il ne peut pas supporter Karzaï, il ne croit pas en sa propre stratégie et ne considère pas la guerre comme étant la sienne. Pour lui, il ne s'agit que de dégager.[35]

Alors qu'il entame la campagne en vue de sa réélection, Barack Obama est plus que jamais décidé à tourner la page de la contre-insurrection et à mettre un terme aux guerres irrégulières commencées par son prédécesseur. Dès le mois de janvier 2012, le Pentagone produit une *Defense Strategic Guidance* qui annonce clairement que les « forces américaines ne seront plus dimensionnées en vue de pouvoir conduire des opérations de stabilisation ou de contre-insurrection de grande ampleur »[36]. En pleine crise de « séquestration » budgétaire, les dépenses militaires pour l'année fiscale 2012 sont réduites de 5 %, et à nouveau de 10 % l'année suivante. Ces coupes concernent pour l'essentiel les effectifs de l'Army et des Marines, les plus impliqués dans les opérations de stabilisation. Publiée en mars 2014, la nouvelle *Quadrennial Defense Review* achève de fermer cette parenthèse en remisant définitivement la guerre irrégulière – le terme n'y apparaît même pas – pour mettre l'accent sur les menaces chinoises et russes et sur les défis du déni d'accès, du cyber et de la prolifération nucléaire[37].

L'empreinte légère : du contre-terrorisme et des partenariats

À la guerre cependant, chaque adversaire impose sa loi à l'autre, et le choix de Washington de tourner le dos à la contre-insurrection ne lui permet pas d'échapper au défi de la guerre irrégulière en général. Les soulèvements des « Printemps arabes » de l'année 2011 vont avoir l'effet d'un catalyseur en la matière, débouchant en Libye, au Yémen et en Syrie sur de violente guerres civiles, où insurrection, guérilla et terrorisme s'avèrent être les principaux ressorts stratégiques. Afin de relever ces défis tout en évitant l'écueil de la contre-insurrection, Obama opte pour une stratégie à « empreinte légère »[38], paradoxalement assez proche de

35 Robert M. Gates, *Duty: memoirs of a Secretary at war*, New York, Alfred A. Knopf, 2014, 618 p.

36 *Sustaining U.S. Global Leadership: Priorities for 21st Century Defense*, Washington, DC, Department of Defense, janvier 2012, p.6.

37 *Quadrennial Defense Review 2014*, Washington, DC, Department of Defense, mars 2014, p.viii.

38 *Sustaining U.S. Global Leadership, op. cit.*, p.3 ; Fernando Lujan, *Light Footprints: The Future of American Military Intervention*, Washington, DC, Center for New American Security, 2013.

la première version de la guerre contre le terrorisme, pré-Irak. Celle-ci repose sur deux axes : d'une part un contre-terrorisme reposant sur l'élimination à un tempo quasi-infernal de cadres clés des groupes terroristes ; d'autre part un renforcement des partenariats avec les alliés locaux et régionaux en vue de réduire les coûts et l'exposition des États-Unis[39].

Dans chacun de ces deux volets, les forces spéciales émergent comme un instrument essentiel : elles permettent de maintenir un engagement américain durable et discret dans les guerres irrégulières tout en laissant les forces conventionnelles se réorienter vers des enjeux conventionnels de « haut du spectre ». Cette montée en puissance du Special Operations Command (SOCOM) se traduit notamment par un accroissement continu des effectifs des forces spéciales (JSOC, bérets verts, etc.) qui seront passés en dix ans de 33 000 à près de 70 000 hommes[40]. Ce volume considérable – d'autant plus qu'il converge avec une réduction des forces terrestres conventionnelles, à leur étiage historique en 2016 – les positionnent bientôt comme une « sixième armée » en passe de prendre le rôle que les Marines avait pu jouer au tournant du XXe siècle : un corps constabulaire, à faible empreinte logistique et politiquement discret, capable de soutenir dans la durée les nouvelles « *small wars* » de l'Amérique.

En ce qui concerne le volet contre-terroriste, c'est logiquement le binôme JSOC/CIA qui mène le bal. La nomination dès 2011 de David Petraeus à la tête de la CIA vient à ce titre témoigner du renforcement très net de la dimension opérationnelle de l'Agence : « jamais la CIA n'a autant ressemblé à l'OSS »[41], aurait confié Michael Hayden à Petraeus avant que ce dernier ne lui succède, en référence aux services secrets de Franklin Roosevelt qui étaient davantage versés dans les opérations clandestines que dans le renseignement. Placée sous le « titre 50 » du code de loi des États-Unis, la pratique des actions clandestines est également soumise à un contrôle parlementaire moins étroit que les opérations militaires (titre 10), élargissant ainsi les marges de manœuvre de l'exécutif[42]. Petraeus sera cependant rapidement écarté à la suite d'un scandale sexuel qui clôt brutalement une brillante carrière auxquels beaucoup prêtaient un avenir politique. Son successeur, John Brennan, ancien conseiller d'Obama à la sécurité intérieure, est le véritable architecte du contre-terrorisme américain. Il est

39 Maya Kandel, « Obama face au terrorisme : chronique d'un échec ? », *Potomac Papers*, n° 28, septembre 2016.

40 Linda Robinson, *One hundred victories: special ops and the future of American warfare*, New York, NY, PublicAffairs, 2013, 311 p.

41 Cité in Mark Mazzetti, *The way of the knife*, *op. cit.*

42 Joseph B. Berger III « Covert Action, Title 10, Title 50, and the Chain of Command », *Joint Forces Quarterly*, n° 67, 2012, p.32-39.

notamment celui qui a mis un terme aux pratiques controversées de la *rendition* et au régime de détention extra-judiciaire de Guantanamo. Faute de pouvoir capturer les terroristes, Brennan va s'attacher à leur élimination physique. Cette politique s'exprime en mai 2011 dans le raid contre Oussama Ben Laden dans la ville pakistanaise d'Abbottabad par les forces spéciales du JSOC avec l'appui de la CIA, mais surtout dans l'accélération spectaculaire des frappes de drones – dont le nombre est multiplié par dix par rapport à la période Bush[43] – dans des pays où les États-Unis ne sont pas officiellement en guerre, comme le Pakistan, le Yémen et la Somalie[44].

Le second volet de l'empreinte légère repose sur l'assistance et la formation des pays partenaires : il est souvent désigné sous le label « *train and equip* » ou encore « *Building Partner Capacity* »[45]. Bien qu'elle ne s'y limite pas, cette politique renoue largement avec celle de la *Foreign Internal Defense* qui remonte à la lutte contre-subversive à l'époque de la guerre froide. Si l'Afghanistan, le Pakistan et dans une moindre mesure l'Irak en sont les premiers bénéficiaires, d'autres théâtres sont aussi concernés tels que les Philippines ou encore l'Afrique subsaharienne. On y compte en effet de nombreux programmes, s'appuyant souvent sur des alliés locaux ou régionaux des Américains – une politique qui cadre avec une posture plus prudente, apparue au grand jour lors de l'intervention en Libye en 2011 et qualifiée par ses détracteurs de « *leadership from behind* »[46]. Dans la Corne de l'Afrique, c'est d'abord l'Éthiopie puis le Kenya qui sont les principaux relais de l'influence américaine, passant par le Partnership for Regional East Africa Counterterrorism (PREACT) en vue de contenir le foyer terroriste somalien. Au Sahel, le *Trans Sahara Counterterrorism Partnership* (TSCTP), dont le volet militaire, *Enduring Freedom – Trans-Sahara*, est rebaptisé *Juniper Shield*, soutient les opérations françaises *Serval* puis *Barkhane* en leur fournissant une aide logistique et un appui en matière de renseignement, avec l'établissement d'une base de drones au Niger[47].

La stratégie d'empreinte légère laisse un bilan en demi-teinte. Si elle permet effectivement aux États-Unis d'économiser leur capital politique en évitant les procès en impérialisme, ses résultats sont très largement dépendants des partenaires locaux lesquels partagent rarement l'agenda américain – du moins dans

43 Jessica Purkiss, Jack Serle, « Obama's covert drone war in numbers: ten times more strikes than Bush », *The Bureau of Investigative Journalism*, 17 janvier 2017.

44 Mark Mazzetti, *The way of the knife*, *op. cit.*; Sean Naylor, *Relentless strike*, *op. cit.*

45 Kathleen McInnis et Nathan Lucas, « What Is "Building Partner Capacity?" », Congressional Research Service, 18 décembre 2015.

46 Maya Kandel, « Obama et la Libye: aux origines du Leading from behind », *Froggy Bottom*, 12 février 2014.

47 Maya Kandel dir., *La stratégie américaine en Afrique*, Étude de l'IRSEM n° 36, décembre 2014.

sa totalité. Sans surprise, on constate que plus l'empreinte est légère moins l'influence américaine est déterminante[48]. En Irak par exemple, à peine le dernier soldat américain a-t-il quitté le sol irakien le 15 décembre 2011, que le Premier ministre chiite, Nouri al-Maliki émet un mandat d'arrêt à l'encontre du Vice-président sunnite, Tarik al-Hashemi, figure de la réconciliation confessionnelle des années précédentes. Sans le médiateur américain, les Sunnites sont à nouveau exclus du jeu politique, l'opposition est muselée, les manifestations réprimées, et les milices *Abna al-Iraq* du *Sahwa* à nouveau marginalisées[49]. C'est tout l'héritage stratégique du *Surge* qui part en fumée en l'espace de deux années.

C'est dans ce contexte que l'État islamique en Irak, encore alors affilié à al-Qaïda, reprend l'initiative, sous le commandement de son nouveau leader, Abou Bakr al-Baghdadi qui capitalise sur le mécontentement des populations sunnites auprès desquelles il retrouve certains relais perdus en 2006-2008. En parallèle, l'organisation ouvre une « succursale » syrienne, Jabhat al-Nosra, par l'intermédiaire d'Abou Mohammed al-Jolani, envoyé de Baghdadi pour participer à la guerre civile. En octobre 2013, l'État islamique d'Irak devient État Islamique en Irak et au Levant. En l'espace de quelques mois, elle s'empare de Raqqa en Syrie et de Mossoul, en Irak, la deuxième ville du pays d'où Baghdadi proclame le retour du califat. La débandade de l'armée irakienne, entièrement formée et équipée par les États-Unis, est en soi un constat d'échec de l'empreinte légère, contraignant Obama à réintroduire des troupes américaines dans le pays, moins de trois ans après la fin d'*Iraqi Freedom*[50].

Il n'est pas question pour autant de revenir à une intervention massive et de retomber dans les schémas du passé. Après s'être assuré de la légalité de l'intervention – sur demande du gouvernement de Bagdad, validée à l'ONU – et s'être entouré d'une large coalition internationale, Obama reste fidèle à ses deux axes d'effort habituels : le contre-terrorisme et les partenariats locaux. Exercée à distance de sécurité depuis des bases dans le Golfe, la puissance aérienne permet d'abord de stopper la marche des djihadistes sur le Kurdistan, puis de dégrader leurs moyens militaires lourds (blindés, artillerie) et leurs infrastructures (raffineries, puits de pétrole, génie civil). Quant à la formation, l'équipement et l'assistance des forces irakiennes, ils permettent de limiter l'engagement au sol

48 Stephen Biddle, Julia Macdonald, et Ryan Baker, « Small footprint, small payoff: The military effectiveness of security force assistance », *Journal of Strategic Studies*, 2017, p.1-54.

49 Stephen Wicken, « Iraq's Sunnis in Crisis », Institute for the Study of War, mai 2013 ; Myriam Benraad, « Iraq's Tribal "Sahwa": Its Rise and Fall », *Middle East Policy*, mars 2011, vol.18, n°1, p.121-131.

50 Leonard Culter, *President Obama's counterterrorism strategy in the War on Terror: an assessment*, New York, Palgrave Macmillan, 2017, p.81-90.

– 4 500 hommes déployés en 2015 – même si le budget demeure considérable – 25 milliards de dollars en 2015.

Les sommes dépensées n'assurent toutefois nullement aux États-Unis le monopole de l'influence sur la conduite de la guerre. À leur grand désarroi, les Américains doivent composer en Irak avec d'autres acteurs qui ne partagent pas toujours, loin s'en faut, leurs objectifs diplomatiques et stratégiques. C'est notamment le cas de l'Iran, dont la branche « al-Qods » des Gardiens de la Révolution s'est solidement implantée comme principal soutien des forces de mobilisation populaire (*hashd al-sha'abi*), coalition de milices éparses, pour la plupart d'obédience chiite, qui participe activement aux combats contre Daech[51]. C'est donc au côté de ses « meilleurs ennemis » que la coalition emmenée par les États-Unis assiste les Irakiens dans leur entreprise de reconquête du pays. Tour à tour chacune des villes est reprise : Ramadi, Falloujah, Tikrit, et finalement Mossoul dont la reconquête, lancée en octobre 2016 se prolonge pendant plus de six mois dans l'une des plus grandes batailles urbaines du XXIe siècle[52].

Ce sont des enjeux en partie similaires auxquels sont confrontés les États-Unis en Afghanistan à partir de la fin officielle d'*Enduring Freedom* en décembre 2014. Face aux faiblesses des forces de sécurité afghanes et à l'imbroglio politique causé par l'élection présidentielle qui a débouché sur un gouvernement à deux têtes – Ashraf Ghani, le président, et Abdullah Abdullah, le chef de l'exécutif – pour succéder à Karzaï, force est de constater que la stabilisation du pays est loin d'être atteinte. Afin de faciliter la transition, Obama annonce l'opération *Freedom Sentinel*, qui prévoit le maintien pour deux ans d'une force résiduelle de 10 000 soldats de l'OTAN – dont 80 % d'Américains. Ce contingent croupion est composé aux deux tiers de conseillers militaires chargés de poursuivre la formation de l'armée afghane, et pour un tiers de forces spéciales, poursuivant le ciblage du leadership d'al-Qaïda et des Talibans. Comme en Irak, l'empreinte légère comporte par ailleurs des effectifs cachés avec près de 30 000 employés de sociétés de sécurité privées, assurant diverses tâches, allant du gardiennage aux actions de combat[53].

Comme en Irak également, l'empreinte légère se traduit par des résultats en demi-teintes. En juillet 2015, l'annonce de la mort du Mollah Omar, chef

51 Renad Mansour, « More Than Militias: Iraq's Popular Mobilization Forces Are Here to Stay », *War on the Rocks*, 3 avril 2018.

52 Robert Postings, « A Guide to the Islamic State's Way of Urban Warfare », Modern War Institute, 9 juillet 2018 ; Hebatalla Taha et Clément Therme, « Les groupes chiites en Irak : enjeux nationaux et dimensions transnationales », *Politique étrangère*, n° 4, 2017, p.29-40.

53 Austin Long, « After ISAF: partners and proxies in Afghanistan after 2014 », *Small Wars & Insurgencies*, 2 janvier 2016, vol.27, n°1, p.22-38.

historique des Talibans, met un terme au début de négociations entamées peu après l'arrivée au pouvoir d'Ashraf Ghani. La lutte pour sa succession incite les différentes factions à rivaliser d'ardeur dans leurs actions contre le gouvernement, tout comme l'émergence d'une branche locale de l'État islamique, qui symbolise l'arrivée d'une nouvelle génération djihadiste dans le pays[54]. En octobre 2015, les Talibans frappent un grand coup en s'emparant de Kunduz, la grande ville du Nord, prenant à parti des troupes américaines présentes aux abords de l'aéroport. Au cours des jours qui suivent, l'US Air Force appuie les forces afghanes pour reprendre le contrôle de la ville. Un de ces bombardements, résultant vraisemblablement d'une négligence humaine, détruit l'hôpital de Médecins Sans Frontières, causant 42 morts et le déclenchement d'une controverse qui va ternir durablement l'image de la présence américaine dans le pays[55].

Par ailleurs, la formation de l'armée afghane, presqu'entièrement financée par les États-Unis à raison de trois à cinq milliards de dollars par an, semble perdre en efficacité avec le départ des troupes de combat. L'absentéisme – qui avait toujours été problématique dans l'armée afghane – atteint en 2015 la proportion ridiculement élevée de 40 % des effectifs[56]. Les Talibans de leur côté contrôlent à cette même période près d'un tiers des districts du pays, plus qu'à aucun autre moment depuis l'arrivée des Américains dans le pays[57]. Dans ces conditions, Obama doit repousser une fois de plus le calendrier de retrait : en juillet 2016, il annonce que 8400 soldats américains – flanqués de quelques 3000 alliés de l'OTAN – resteront dans le pays pour y poursuivre une stratégie, malgré l'absence de perspective[58].

Guerre non conventionnelle et guerre hybride

Le rejet de la contre-insurrection et la préférence de l'administration Obama pour les stratégies limitées se traduit aussi par un retour en force de la guerre non conventionnelle, c'est-à-dire de l'assistance militaire ou paramilitaire à un mouvement irrégulier de résistance ou de guérilla. Le théâtre le plus emblématique à cet égard est sans doute la Syrie, où Washington hésite longtemps sur l'attitude à adopter vis-à-vis de l'opposition à Bachar al-Assad qui se mue à partir de 2011 en une insurrection armée. Alors que certains acteurs régionaux, comme

54 Antonio Giustozzi, *The Islamic State in Khorasan: Afghanistan, Pakistan and the new Central Asian Jihad*, First published., London, Hurst & Company, 2018, 292 p.

55 Leonard Culter, *President Obama's counterterrorist strategy, op. cit.*, p.28-31.

56 Special Inspector General for Afghanistan Reconstruction, *Quarterly Report to the Congress*, 30 janvier 2016.

57 *Ibid.*

58 Clayton Thomas, « Afghanistan : US Policy Brief », Congressional Research Service, 1er juin 2018.

les monarchies du Golfe et la Turquie, s'empressent d'apporter leur soutien à certaines factions de la rébellion, les États-Unis restent circonspects, craignant l'infiltration du mouvement par les djihadistes et la dissémination des armes qui pourraient leur être livrées. Tandis que le conflit s'enracine, David Petraeus – alors directeur de la CIA – formule une proposition de soutien paramilitaire à certains groupes issus de l'Armée Syrienne Libre. La proposition est rejetée par la Maison Blanche au profit d'une aide « non létale » de 50 millions de dollars – soutien humanitaire, mise à disposition de satellites de télévision et d'émetteurs radio, financement des salaires de 500 policiers à Alep pour assurer la stabilité de la ville libérée, etc.[59]

Ce n'est qu'à l'été 2013, après le franchissement par le régime de Bachar al-Assad de la « ligne rouge » tracée par Obama lui-même sur l'emploi d'armes chimiques contre des civils que l'administration américaine se résout à apporter une aide militaire à l'opposition via l'envoi discret de forces spéciales. Elle demeure toutefois très limitée et ne peut empêcher l'effondrement de l'Armée Syrienne Libre au profit de groupes plus extrémistes. C'est justement la montée en puissance de l'État islamique qui va faire pencher la balance. En septembre 2014, alors que toute l'attention est tournée vers l'attaque de la ville kurde de Kobane par Daech, Washington lance une campagne de frappes aériennes contre le nouveau califat en Syrie, permettant ainsi de relâcher la pression sur les assiégés. Parallèlement à ces frappes, et suivant le « modèle afghan » élaboré en 2001, le Congrès vote un budget de 500 millions de dollars pour l'entraînement et l'équipement de l'opposition syrienne contre l'État islamique.

Tout en affichant l'objectif de former 12 000 combattants irréguliers en cinq ans, le programme souffre cependant des nombreuses restrictions placées sur le profil des candidats à l'aide américaine de manière à exclure les radicaux et à s'assurer que les armes fournies seront employées contre Daech et nul autre – un critère peu compatible avec l'objectif ultime de l'opposition qui demeure alors le renversement du régime[60]. Entraînés et équipés par les forces spéciales et la CIA à l'extérieur du territoire syrien (en Jordanie notamment), les premiers groupes – la « division 30 » – sont infiltrés en juillet 2015 dans la région d'Azaz mais sont rapidement capturés par le front Jabhat al-Nosra, affilié à al-Qaïda. Auditionné à la mi-septembre par la commission des forces armées du Sénat, le général Austin, commandant le CENTCOM, doit reconnaître que « seuls

59 Linda Robinson, Austin G. Long, Kimberly Jackson, et Rebeca Orrie, *Improving the understanding of special operations: a case history analysis*, Santa Monica, RAND, 2018, p.185.

60 Carla E. Humud et al., « Armed Conflict in Syria: Overview and U.S. Response », Congressional Research Service 18 avril 2018.

quatre ou cinq » combattants formés par les Américains étaient encore actifs à cette date en Syrie[61].

Face à ce fiasco, le programme est suspendu, puis réactivé sur des bases plus restreintes. Les forces kurdes syriennes du *Yekîneyên Parastina Gel* (YPG) émergent alors comme le groupe le plus efficace militairement, et le plus dédié à la lutte contre l'État islamique. Déployées en nombre restreint – d'une cinquantaine d'opérateurs en novembre 2015 jusqu'à 500 à l'été 2016 – les forces spéciales américaines coordonnent l'action des YPG avec les frappes aériennes de la coalition, et assistent la CIA et le JSOC dans des actions directes ciblées contre certains chefs djihadistes. Elles jouent aussi le rôle de relais politique et contribuent à l'insertion de forces arabes aux côtés des Kurdes au sein d'une coalition plus large sous le nom de « forces démocratiques syriennes » (FDS). Malgré tous ses efforts pour obtenir la prise de Raqqa, capitale syrienne de l'État islamique, avant la fin de son mandat, Barack Obama devra pourtant quitter la Maison Blanche sans avoir présidé à la victoire de ses « proxies ».

Alors que les États-Unis peinent à exploiter les potentialités de la guerre non conventionnelle en Syrie, d'autres acteurs se révèlent plus performants. Moins délicats que les Occidentaux dans le choix de leurs alliés et des méthodes de combat, l'Iran et la Russie parviennent à sauver le régime de Bachar al-Assad par l'action concertée de forces spéciales, de frappes aériennes et de groupes paramilitaires agissant comme leurs propres « proxies »[62]. Cette combinaison avait déjà été employée par la Russie dans le cadre du conflit en Ukraine de 2014 que le Secrétaire Général de l'OTAN à l'époque avait qualifié de « guerre hybride »[63]. Ce terme qui fait alors florès aux États-Unis n'a pourtant rien d'un concept russe : introduit pour la première fois en 2005 sous la plume du colonel Frank Hoffman et du général Jim Mattis – alors chef de la doctrine du corps des Marines et fervent partisan de la guerre irrégulière – il s'agissait initialement de caractériser la situation dans laquelle se trouvaient les Américains en Irak, confrontés à « l'effondrement d'un État failli ayant perdu le contrôle d'armes biologiques ou balistiques, tout en devant faire face à des violences ethniques, ainsi qu'à des groupes terroristes radicaux »[64].

61 Thomas Gibbons-Neff, « Only 4 to 5 American-Trained Syrians Fighting Against the Islamic State », *Washington Post*, 16 septembre 2015.

62 Dima Adamsky, « Moscow's Syria Campaign: Russian Lessons for the Art of Strategy », *Russie. Nei.Visions*, n°109, Ifri, juillet 2018.

63 Robin Niblett, « NATO Must Focus on the 'Hybrid Wars' Being Waged on the West », *Financial Times*, 18 juillet 2014. Lire aussi Élie Tenenbaum, « Le piège de la guerre hybride », *Focus Stratégique*, n °63, octobre 2015.

64 James N. Mattis et Frank Hoffman, « Future Warfare: The Rise of Hybrid Wars », *Proceedings*, novembre 2005, vol.131, n°11, p.18-19.

Ce n'est que plus tard que le concept d'hybridité entre dans les canaux de l'OTAN, lorsque Mattis est nommé à la tête du commandement allié pour la transformation, en charge de la préparation de l'Alliance aux environnements opérationnels futurs. La « guerre hybride » en vient alors à intégrer des phénomènes aussi divers que les cyberattaques, la propagande, ou encore la guerre économique[65]. Rapidement évoqué dans le Concept stratégique de l'Alliance en 2010, le terme va être surtout employé à partir de 2014 pour qualifier la stratégie russe en Ukraine, puis plus globalement les méthodes russes de confrontation avec l'Occident. La guerre hybride désigne alors le recours à une forme de subversion, soit par l'intermédiaire de proxys (comme les milices pro-russes du Donbass), soit par l'action clandestine (assassinats, sabotage, cyberattaques), calibrée de façon à toujours rester en-deçà du seuil de l'agression caractérisable par le droit international et les mécanismes de sécurité collective. Dans son acception la plus large elle en vient à inclure les opérations d'information, diffusion de propagande, de fausses nouvelles ou appui opportuniste à des fuites organisées par des « lanceurs d'alerte » en vue d'atteindre l'image d'un individu ou d'un gouvernement[66].

Qu'il s'agisse de sa dimension non conventionnelle/paramilitaire ou de son volet plus psychologique, l'extension continue de la guerre hybride – également qualifiée de « zone grise »[67] dans certains travaux américains – renvoie assez largement aux caractéristiques de la lutte indirecte entre l'Est et l'Ouest tout au long de la guerre froide[68]. Imaginée par George Kennan dès 1947, cette forme de « guerre politique »[69] consiste en une utilisation stratégique de tous les moyens militaires, paramilitaires et civils (diplomatie, information, économie) à la disposition d'un acteur pour parvenir à ses fins sans recourir à la confrontation directe. Si la Russie est d'abord apparue comme le principal représentant de cette stratégie, la Chine ou encore l'Iran sont aussi décrits comme des puissances pratiquant la guerre hybride à l'encontre des États-Unis[70].

65 Allied Command Transformation (ACT), *Multiple Futures Project – Navigating towards 2030*, Final Report, Norfolk, avril 2009.

66 Jim Rutenberg, « RT, Sputnik and Russia's New Theory of War », 13 septembre 2017.

67 Michael J. Mazarr, *Mastering the gray zone: understanding a changing era of conflict*, Carlisle, PA, Strategic Studies Institute, 2015 ; Nathan Freier, *Outplayed: regaining strategic initiative in the gray zone*, Carlisle, PA, Strategic Studies Institute, 2016.

68 Linda Robinson, Todd Helmus, Raphael Cohen, Alireza Nader, Andrew Radin, Madeline Magnuson, et Katya Migacheva, *Modern political warfare: current practices and possible responses*, Santa Monica, CA, RAND, 2018.

69 Sarah-Jane Corke, « George Kennan and the Inauguration of Political Warfare », *Journal of Conflict Studies*, 2006, vol.26, n°1, p.101-120.

70 Lire par exemple Larry M. Wortzel, *The Chinese People's Liberation Army And Information Warfare*, Carlisle PA, Strategic Studies Institute, 2014 ; Hall Gardner, « Hybrid Warfare: Iranian

Les deux dernières années de l'administration Obama sont profondément marquées par cette problématique d'une extension de la guerre irrégulière à la compétition entre grandes puissances – et non plus limitée à la simple expression du défi asymétrique du terrorisme djihadiste. Cependant ni les mesures de réassurance conventionnelle (stationnement d'unités, exercices interalliés, etc.) visant à réaffirmer la solidité du lien transatlantique, ni les diverses sanctions économiques ou diplomatiques contre Moscou ne sont parvenues à des résultats tangibles. Les succès de la Russie et de l'Iran en Syrie, les progrès réguliers de la Chine en Asie-Pacifique semblent autant de « petites coupures » qui entament la supériorité géopolitique américaine et confirme la difficulté de Washington à relever les défis irréguliers. L'élection de Donald Trump en novembre 2016 sur fond de cyberattaques et de campagne de désinformation apparaît à ce titre comme un symbole de la portée nouvelle de la guerre irrégulière au cœur même de la vie politique américaine.

L'administration Trump face à la guerre irrégulière

Le bilan des deux premières années de l'administration Trump en matière de guerre irrégulière est, comme le reste de sa politique, parsemé de contradictions et de lignes divergentes. Sa posture quasi-isolationniste au cours de sa campagne – appelant à l'abandon des alliés se comportant en « passagers clandestins » – laissait initialement présager d'un retrait encore plus accentué que l'empreinte légère d'Obama, vers une véritable doctrine de désengagement. Il était dès lors d'autant plus surprenant de constater que nombre de personnalités nommées dans la nouvelle équipe s'apparentaient à des figures de proue de la guerre irrégulière, *a priori* enclines à des postures interventionnistes. Primus inter pares, le Secrétaire à la Défense, James Mattis, co-auteur du concept de guerre hybride est très lié à la rédaction du manuel FM 3-24[71]. Autre personnage influent, le général Michael Flynn, nommé conseiller à la sécurité nationale après avoir été un proche de McChrystal en Afghanistan où il fut l'auteur d'un célèbre rapport sur le renseignement en contre-insurrection[72]. Rapidement écarté par les « enquêtes russes » entourant l'équipe Trump, Flynn cède bientôt la place au général H.R. McMaster, historien de la guerre du Vietnam, praticien de la

and Russian Versions of "Little Green Men" and Contemporary Conflict», Research Paper 123, NATO Defence College, 2015.

71 Conrad C. Crane, *Cassandra in Oz, op. cit.*, p.51-57, 99.

72 Matt Pottinger, Michael T. Flynn et Paul D. Batchelor, *Fixing Intel: A Blueprint for Making Intelligence Relevant in Afghanistan*, Washington, Center for a New American Security, 2010.

contre-guérilla en Irak et conseiller de Petraeus de 2007 à 2008[73]. L'attitude volontariste d'un Mattis ou d'un McMaster vis-à-vis des guerres irrégulières va régulièrement les opposer aux inclinaisons personnelles de Donald Trump pour le moins réticent à tout engagement prolongé dans des conflits complexes aux issues hasardeuses.

Le contre-terrorisme en revanche, de par ses opérations spectaculaires et faciles à médiatiser, a de quoi séduire le nouveau président. L'une de ses premières décisions est en effet d'autoriser un raid du JSOC au Yémen, théâtre complexe d'une violente guerre civile, dont Barack Obama s'était tenu relativement éloigné en se limitant à des frappes de drones et à une aide logistique à la coalition saoudienne. Malgré sa présentation comme un succès, l'opération échoue à éliminer Qasim al-Raymi, chef d'al-Qaïda dans la Péninsule Arabique et objectif présumé de l'opération, et doit essuyer la mort d'un commando de la *SEAL Team* 6[74]. Quelques mois plus tard, un autre front de la guerre contre le terrorisme méconnu du grand public fait la une des quotidiens américains avec la mort de quatre opérateurs des forces spéciales au Niger dans une embuscade tendue par des membres de l'État islamique au Grand Sahara, alors qu'ils revenaient bredouille d'une mission au Mali. La présence américaine au Niger, inaugurée par George Bush en 2002 et accentuée par Obama dans le cadre de sa stratégie d'empreinte légère, n'est certes pas le résultat de la politique de Donald Trump, mais ce dernier a confirmé et même renforcé son dispositif contre-terroriste en portant les effectifs dans le pays à 800 hommes[75].

En Syrie non plus, Donald Trump ne se révèle pas l'isolationniste que certains avaient imaginé. S'il met officiellement un terme au programme d'assistance aux rebelles anti-Assad que la CIA continuait, bon an, mal an, à soutenir dans le sud du pays, il accroît en revanche la présence américaine aux côtés des FDS. En mars 2017, il envoie même des forces conventionnelles avec une unité d'artillerie de 400 marines, qui, combinés aux forces spéciales, portent le nombre de troupes américaines en Syrie à près d'un millier. Ce chiffre va encore doubler au cours de l'année 2017 en vue de la prise de Raqqa en octobre. Bien qu'ayant affirmé à plusieurs reprises sa volonté de quitter le pays une fois cet objectif atteint, le Président américain cède à la volonté de son Secrétaire à la Défense de repousser le retrait des troupes, afin de conserver quelques atouts sur ce théâtre complexe, en vue de maintenir la pression sur les groupes djihadistes autant

73 Fred M. Kaplan, *The insurgents, op. cit.*

74 Éric Schmitt et David E. Sanger, « Questions Cloud U.S. Raid on Qaeda Branch in Yemen », *The New York Times*, 1er février 2017

75 Alexis Arieff et al., « Niger: Frequently Asked Questions About the October 2017 Attack on U.S. Soldiers », Congressional Research Service.

que de faire pièce aux influences russes et iraniennes[76]. La prise d'Abou Kamal, dernier réduit territorial de l'État islamique en décembre 2018 conduit cependant Donald Trump à déclarer la victoire et à annoncer le rappel des *boys* chez eux, en opposition directe avec une déclaration de Jim Mattis provoquant la démission de celui-ci. Malgré le fracas de cette démission, les conseillers présidentiels et les fonctionnaires du Pentagone semblent pourtant être parvenus à différer une fois de plus le retrait, jugeant la menace terroriste moins détruite qu'en recomposition.

En Irak aussi, Donald Trump va chercher à accélérer la réduction de l'empreinte américaine à partir de la prise de Mossoul, achevée au printemps 2017. Avec encore plus de 8000 conseillers militaires américains présents dans le pays au moment de son arrivée au pouvoir, il va réduire progressivement son exposition : les financements pour la mission « *train and equip* » de l'armée irakienne passent ainsi de 3,6 milliards de dollars pour l'année fiscale 2017, à 1,2 milliards pour 2018 et moins de 900 millions pour 2019. La contrepartie de cette stratégie de stabilisation limitée est une influence toute aussi limitée sur les dynamiques internes, à l'instar du référendum sur l'indépendance du Kurdistan irakien en septembre 2017 qui menace de briser à nouveau l'intégrité territoriale du pays, ou encore la mise en place d'un nouveau gouvernement à Bagdad qui doit désormais compter avec l'appui de l'ancien ennemi juré des Américains dans le Sud, le clerc chiite Moqtada al-Sadr[77].

En Afghanistan enfin, les perspectives semblent si lugubres début 2017 que le nouveau Congrès exige une remise à plat de la stratégie américaine. Le général Nicholson, commandant *Freedom Sentinel* et ancien proche de Stanley McChrystal, affirme alors que quelques milliers de troupes supplémentaires pourraient suffire à renverser la tendance. L'espace de quelques mois, un vent de *surge* souffle à nouveau sur la politique afghane des États-Unis. Mais le 21 août 2017, Donald Trump annonce une nouvelle stratégie dans laquelle il opte pour un surplus limité et temporaire de 3 500 hommes, amenant le nombre total aux alentours de 15 000 hommes. Il se distingue en rejetant l'approche calendaire d'Obama prônant un retrait à une date fixée, préférant le conditionner à la réalisation des objectifs de sécurité. Il annonce aussi l'accroissement de la liberté d'action des forces américaines, au-delà de ce qui avait négocié en 2014, affirmant qu'elles pourront à nouveau opérer indépendamment de leurs partenaires

76 Carla E. Humud, Christopher M. Blanchard et Mary Beth D. Nikitin, « Armed Conflict in Syria: Overview and U.S. Response », Congressional Research Service, 18 avril 2018.

77 Christopher M. Blanchard, « Iraq: In Brief », Congressional Research Service, 5 mars 2018.

afghans et « attaquer l'ennemi dans toute la profondeur du champ de bataille »[78]. Trump déclare enfin ne plus vouloir « rester muet face au sanctuaire [offert par] le Pakistan aux groupes terroristes » : début 2018, il annonce même la suspension de l'assistance de sécurité à Islamabad[79].

S'il ne s'agit pas d'un retour à la contre-insurrection, la nouvelle stratégie de Trump, poussée en l'espèce par McMaster malgré les réticences du Président, marque donc un certain raffermissement de l'implication américaine, même si celle-ci est de temps à autre remise en cause par d'intempestives déclarations présidentielles[80]. Les résultats de cet engagement demeurent cependant difficiles à percevoir alors que les Talibans demeurent extrêmement puissants sur une large part du pays et que l'implantation de l'État islamique semble désormais un fait acquis auquel une empreinte militaire américaine, plus ou moins légère, ne saurait pouvoir remédier[81]. De fait, McMaster – qui était le principal porte-étendard de la stratégie de fermeté en Afghanistan – démissionne en avril 2018, s'estimant marginalisé par Trump. Fin décembre 2018, la déclaration par les Talibans de l'ouverture de négociations avec les États-Unis semble indiquer un changement radical de stratégie. Comme en Syrie cependant, la volonté de Donald Trump de tourner le dos à la guerre irrégulière semble se heurter à la persistance des intérêts stratégiques américains, le condamnant à prolonger un conflit déjà vieux de dix-huit ans[82].Mais c'est peut-être sur l'enjeu de la guerre hybride, face à la Russie notamment, que l'administration Trump trouve son véritable défi en matière de stratégie irrégulière – et ce alors même que le président adopte vis-à-vis du Kremlin une attitude ambiguë, et que sa propre légitimité est minée par les diverses enquêtes qui pointent le rôle joué par le Kremlin dans son élection. Publiée en décembre 2017, la *National Security Strategy* mentionne à six reprises la menace nouvelle de la « subversion », un terme qui n'apparaissait pas dans les précédents documents[83]. On le trouve également présent en bonne place dans les priorités de la *National Military Strategy* de février 2018, publiée en lieu et place d'une nouvelle *Quadrennial Defense Review*[84]. Ce vocable hérité tout droit de la guerre froide, indique une prise en compte par la communauté de

78 « Remarks by President Trump on the Strategy in Afghanistan and South Asia », White House Office of the Press Secretary, 21 août 2017.

79 Clayton Thomas, « Afghanistan : Background and US Policy In Brief », Congressional Research Service, juin 2018.

80 Bob Woodward, *Fear: Trump in the White House*, New York, Simon and Schuster, 2018.

81 Antonio Giustozzi, *The Islamic State in Khorasan*, *op. cit.*

82 Thomas Gibbons-Neff and Julian E. Barnes, « Under Peace Plan, U.S. Military Would Exit Afghanistan Within Five Years », *The New York Times*, 28 février 2019.

83 *National Security Strategy of the United States of America*, Washington, DC, décembre 2017.

84 « In competition short of armed conflict, revisionist powers and rogue regimes are using corruption, predatory economic practices, propaganda, political subversion, proxies, and the threat or

défense et de sécurité américaine des enjeux renouvelés de la « guerre politique » et de la stratégie indirecte au XXIe siècle.

Si elle embrasse la dynamique de réappropriation des capacités conventionnelles par les forces armées américaines rendue nécessaire par le « retour à la compétition stratégique » entre grandes puissances, l'administration Trump indique donc aussi une volonté plus importante que sous Obama d'« entretenir les compétences en matière de guerre irrégulière, ce qui requiert une planification plutôt qu'une approche *ad hoc* de lutte contre les réseaux terroristes et les autres menaces irrégulières »[85]. Reste à savoir comment cette volonté se traduira en termes de choix stratégiques et d'impact sur les structures de forces. S'il semble acquis que les forces spéciales devraient demeurer au cœur du dispositif de guerre irrégulière – qu'il s'agisse du contre-terrorisme, de la guerre non conventionnelle ou de l'assistance aux forces de sécurité étrangères – elles ne sauraient relever à elles seules les défis profondément politiques de ce type de conflictualité. Par-delà la persistance de la menace terroriste, les États-Unis devront désormais faire face à l'exploitation systématique des méthodes de la guerre irrégulière par certaines puissances, étatiques ou non, dans le cadre de stratégies indirectes. De leur adaptation à ces enjeux dépendra en grande partie la conservation de leur position dominante sur la scène internationale.

☑

Bibliographie indicative

Culter, Leonard, *President Obama's counterterrorism strategy in the War on Terror: an assessment*, New York, Palgrave Macmillan, 2017.

Crane, Conrad C., *Cassandra in Oz: counterinsurgency and future war*, Annapolis, Maryland, Naval Institute Press, 2016, 307 p.

Kaplan, Fred M., *The insurgents: David Petraeus and the plot to change the American way of war*, New York, Simon & Schuster, 2013.

Kandel, Maya, « Obama face au terrorisme : chronique d'un échec ? », *Potomac Papers*, n° 28, septembre 2016.

Mazzetti, Mark, *The way of the knife: the CIA, a secret army, and a war at the ends of the Earth*, New York, New York, Penguin Books, 2014.

Mockaitis, Thomas R., *The COIN Conundrum: The Future of Counterinsurgency and U.S. Land Power*, Carlisle, PA, Strategic Studies Institute, 2016.

Naylor, Sean, *Relentless strike: the secret history of Joint Special Operations Command*, First edition., New York, St. Martin's Press, 2015.

use of military force to change facts on the ground. » *In Summary of the 2018 National Defense Strategy of the United States of America*, Washington, DC, 2018, p.5.

85 *National Security Strategy of the United States of America*, *op. cit.*, p.29.

Gates, Robert M., *Duty: memoirs of a Secretary at war*, New York, Alfred A. Knopf, 2014.

Robinson, Linda, Long, Austin G., Jackson, Kimberly et Orrie, Rebeca, *Improving the understanding of special operations: a case history analysis*, Santa Monica, RAND Corporation, 2018

Sanger, David E., *Confront and conceal: Obama's secret wars and surprising use of American power*, New York, Broadway Books, 2013.

Ucko, David H., *The New Counterinsurgency Era: Transforming the U.S. Military for Modern Wars*, Washington, D.C, Georgetown University Press, 2009.

Weigley, Russell, *The American Way of War*, New York, MacMillan, 1973.

Woodward, Bob, *Fear: Trump in the White House*, New York, Simon and Schuster, 2018.

Woodward, Bob, *Obama's wars*, New York, Simon & Schuster, 2010.

Genèse d'une culture stratégique américaine autonome. Le prisme des *Principles of War* et de leur développement doctrinal

Olivier Zajec*

Résumé

La culture stratégique des États-Unis, influencée par Jomini plus que par tout autre théoricien, les a menés à développer une vision spécifique des « principes de la guerre », révélatrice de leur approche singulière des opérations et de l'emploi de la force dans les relations internationales. En décembre 1921, dans le règlement Troops Regulations 10-5, les Américains adoptent une première liste officielle de neuf principes : Objectif, Économie des forces, Offensive, Manœuvre, Unité de commandement, Sûreté, Masse, Surprise et Simplicité. Cette adoption se fait avec enthousiasme, sans doute parce qu'une telle liste normée correspond bien à une gestion scientifique – un management – de l'action de force. Par la suite, cette approche sera critiquée, interrogée et remise en perspective tant par les stratégistes civils les plus influents que par les officiers américains. Pourtant, en un siècle, la liste ne sera paradoxalement jamais modifiée. En revenant sur ces débats, de 1918 à nos jours, cet article propose une relecture de cette résilience conceptuelle paradoxale, en se penchant sur la culture stratégique propre à l'appareil militaire des États-Unis, et un héritage avec lequel l'armée américaine se prépare à affronter les défis opérationnels d'un XXIe siècle incertain.

Vous ne pouvez jamais être trop forts. Amenez chaque homme
et chaque canon que vous pouvez vous procurer,
pourvu que cela ne retarde pas indûment votre attaque[1].

Général George S. Patton

Existe-t-il une culture militaire américaine spécifique, une manière de faire la guerre qui n'appartiendrait qu'aux États-Unis ? Parmi le grand nombre de travaux consacrés à cette question, *The American Way of Warfare*, étude

....

* Olivier Zajec est maître de conférences en science politique à l'université Jean Moulin - Lyon-III, chercheur à l'EA 4586 et à l'Institut de Stratégie Comparée (ISC, Paris). Ses recherches actuelles portent sur la théorie réaliste des relations internationales, la politique de défense transatlantique et la théorie de la guerre.

1 George S. Patton, *The War as I Knew It*, Boston (Mass), Houghton Mifflin, 1947, p.132.

historique de Russell Weigley, s'impose en 1973 comme une interprétation de référence. S'appuyant sur des recherches menées depuis les années 1940 (à l'exemple de celles de Ruth Benedict sur le Japon), l'ouvrage dépeint le tableau, en apparence convaincant, d'une « approche américaine » de la confrontation guerrière[2]. Selon l'auteur, à l'exception des premières guerres menées par la jeune République du Nouveau Monde au tout début du XIXe siècle, la culture militaire américaine s'est très vite distinguée par une dilection prononcée pour l'offensive. Celle-ci convenait parfaitement à un « caractère » national privilégiant une guerre de mouvement. À ce style d'engagement[3], Weigley associe les modes stratégiques de l'attrition et de l'annihilation de l'ennemi, qui permettent une « solution rapide, directe et totale »[4]. Cette vision a été critiquée, par exemple dans les écrits d'Echevarria, pour qui Weigley a tort de penser que « *les militaires et les politiques américains voient typiquement la destruction de la force armée opposée et l'occupation de sa capitale comme marquant la fin de la guerre et le début de négociations post-conflit* »[5]. La thèse centrale de *The American Way of Warfare* est pourtant confirmée par une grande partie de la tradition militaire américaine, pour laquelle la guerre, loin de représenter un des modes fonctionnels de la politique, doit tout au contraire être regardée comme un échec de cette dernière. En ce sens, l'ouverture des portes du temple de Janus marque un moment exorbitant du temps politique américain[6]. La parenthèse guerrière devant être refermée au plus tôt, l'adversaire sera donc traité avec rapidité et brutalité selon les termes dictés par les États-Unis. Ainsi que le résumera avec clarté le général MacArthur, témoignant devant le Congrès le 19 avril 1951 : « Une fois que la guerre nous a été imposée, il n'y a pas d'autre alternative que d'appliquer la totalité des moyens disponibles pour y mettre fin. Le véritable objectif de la guerre est la victoire – pas l'indécision prolongée »[7].

2 Russell F. Weigley, *The American Way of War: A History of United States Military Strategy and Policy*, New York, Macmillan Publishing, 1973. Ruth Benedict, *The Chrysanthemum and the Sword*, Boston, Houghton Mifflin, 1946.

3 Sur cette notion de « style », voir Colin S. Gray, « National Style in Strategy: The American Example », *International Security*, vol.6, n° 2, Autumn 1981, p.21-47.

4 Bruno Colson, *La culture stratégique américaine. L'influence de Jomini*, Paris, Economica, 1993, p.209. L'anéantissement correspond à la destruction rapide de la force militaire ennemie. L'attrition renvoie quant à elle à un affaiblissement progressif de la résistance adverse, ce qui n'exclut pas l'application résolue et violente de la force pour y parvenir. En ce sens, l'attrition est un anéantissement lent, l'objectif final demeurant voisin sur le plan militaire.

5 Antulio J. Echevarria, « An American Way of War or Way of Battle? », US Army War College, Strategic Studies Institute, 2004.

6 Les Romains appelaient les citoyens aux armes en ouvrant les portes de ce temple, situé au pied de l'Argiletum, près du Forum. Ils les fermaient en temps de paix.

7 Général Douglas MacArthur, Discours d'adieu au Congrès, 19 avril 1951. Voir « Transcript of General Douglas MacArthur's Address to Congress, April 19, 1951, p.7. », Truman Papers, President's Secretary's Files. MacArthur, Douglas: Dismissal.

Le prisme culturaliste constitue un cadre d'analyse depuis longtemps appliqué au domaine des études stratégiques[8]. Suivant cette grille de lecture, l'art militaire théorisé et pratiqué par chaque acteur de l'échiquier de puissance mondial se développerait de manière distincte, en fonction d'un terreau culturel spécifique. Au-delà de variables *dépendantes* comme la prise en compte des évolutions technologiques dans l'art de la guerre (phénomène diffusionniste que traduit le concept de « révolution militaire »[9]), il serait donc nécessaire, pour comprendre la dynamique des interactions de puissance entre groupes politiques se concurrençant à une époque donnée, de prendre également en compte les variables *indépendantes* que constitueraient les vues-du-monde nationales, dont dériveraient des comportements stratégiques propres à chaque agent. Ainsi, il est théoriquement possible de considérer les puissances chinoise, américaine, française ou iranienne, lesquelles maîtrisent toute la technologie balistique, comme les membres d'une même catégorie de puissance, seulement distingués par une hiérarchie *d'effectivité* (rayon d'action, mirvage, potentiel destructeur de chaque classe de vecteur). Mais cet angle capacitaire, purement instrumental, s'il n'est pas remis en perspective du point de vue culturaliste, empêche de comprendre que les capacités balistiques, médiatisées par l'héritage stratégique propre à chaque pays détenteur, sont en réalité valorisées, brandies et utilisées d'une manière symbolique et pratique *différenciée* selon que le pivot analytique se déplace de Pékin à Washington, Paris ou Téhéran. En matière stratégique, chaque culture déboucherait en somme sur une prise en compte tout à fait singulière des innovations technologiques, des modes de saisie des « fenêtres d'opportunité » spatio-temporelles, du degré raisonnable de prise de risque dans une manœuvre de crise, de l'équilibre souhaitable entre offensive et défensive, ou bien encore (la liste de ces critères n'étant nullement limitative) de la pondération à effectuer entre planification et conduite des opérations. Concernant la *praxis* militaire américaine, ce type d'analyses comportementales renvoyant à des « cultures stratégiques » a donné lieu à des développements nombreux[10]. On

8 Les études stratégiques peuvent être considérés comme l'un des sous-champs de la science politique, qui comprendraient selon trois plans fondamentaux : les études stratégiques proprement dites (*Strategic studies*) qui prennent en compte, de manière intemporelle, la dialectique de nature politique et culturelle propre à tous les conflits (les fins) ; les études des conflits armés (*War Studies*) qui se concentrent sur les stratégies militaires mises en œuvre dans des engagements armés particuliers (les voies) ; et les études opérationnelles (*Warfare studies*) qui analysent les instruments employées pour prévaloir dans l'action de force (les moyens). Cette présentation épistémologique nous est propre et ne fait pas consensus.

9 Voir la synthèse précieuse de Laurent Henninger, « La « révolution militaire ». Quelques éléments historiographiques », *Mots. Les langages du politique* [En ligne], n° 73, 2003.

10 Du côté des chercheurs européens, on mentionnera la synthèse pionnière de Bruno Colson, *La culture stratégique américaine. L'influence de Jomini, op. cit.*, 1993. Voir également Colin S. Gray, « Irregular Enemies and the Essence of Strategy: Can the American Way of War Adapt? »,

notera par ailleurs que depuis la fin de la décennie 1990, la conjonction entre d'une part ces études culturalistes anciennes[11] et d'autre part le programme théorique constructiviste, a débouché sur un ensemble de travaux extrêmement stimulants[12].

En se penchant sur la question des neuf « principes de la guerre » (*Principles of War*) retenus dans la doctrine militaire des États-Unis, cet article se propose précisément d'approfondir l'un des aspects de la culture stratégique américaine, qui préférerait réduire la guerre à une conduite managériale et instrumentale de l'action de force, plutôt que de faire l'effort de la considérer comme un ensemble de variables politiques complexes, caractérisées par la dialectique frictionnelle des fins, des voies et des moyens. Car, si telle est bien la culture stratégique américaine, pourquoi donc les États-Unis, façonnés par l'innovation, le franchissement des frontières technologiques, le dédain du passé, la production incessante de concepts stratégiques disruptifs comme le *Network-Centric Warfare* dans les années 2000 ou le *Fusion Warfare* actuellement, et qui ont décidé en 2018 de créer une « armée spatiale » consacrée aux nouveaux défis extra-atmosphériques, se sont-ils jusqu'alors montrés étonnamment réticents à modifier la liste originelle de leurs neuf principes de la guerre, adoptés à l'époque des charges à la baïonnette ? Cette question des *Principles of War*, envisagée comme un marqueur culturel révélateur, permet de rappeler que la thèse de Weigley, si elle se trouve corroborée par un certain nombre de faits objectifs, n'en reste pas moins sujette à quelques paradoxes constitutifs.

Nous procéderons à la mise en lumière de ces aspects paradoxaux en revenant dans une première partie sur le processus de décantation qui mena à l'adoption officielle d'une liste de neuf principes de la guerre dans la doctrine militaire américaine, au lendemain de la Première Guerre mondiale. Nous nous pencherons ensuite sur la nature des questionnements qui saisissent la

---

Carlisle, Strategic Studies Institute, U.S. Army War College, 2006. Aux États-Unis, parmi une production pléthorique, les travaux suivants sont particulièrement éclairants : Antulio J. Echevarria, *Reconsidering the American Way of War: US Military Practice from the Revolution to Afghanistan*, Washington, DC, Georgetown University Press, 2014 ; Max Boot, *Savage Wars of Peace: Small Wars and the Rise of American Power*, New York, Basic Book, 2002 ; Martin Shaw, *The New Western Way of War*, Cambridge, Polity Press, 2005 ; John A. Lynn, *Battle. A History of Combat and Culture, From Ancient Greece to Modern Times*. New York : Basic Books, 2003 ; Victor Davis Hanson, *Carnage and Culture: Landmark Battles in the Rise of Western Power*, New York, Doubleday, 2001. Ken Booth, *Strategy and Ethnocentrism*, London, Croom Helm, 1979. On recommandera également l'entrée « culture stratégique » dans Thierry de Montbrial, Jean Klein dir., *Dictionnaire de stratégie*, PUF, 2000.

11 *Cf.* Jack Snyder, *The Soviet Strategic Culture: Implications for Nuclear Options*, R-2154-AF, Santa Monica, Rand Corporation Studies, 1977.

12 Par exemple : Alastair Iain Johnston, *Cultural Realism: Strategic Culture and Grand Strategy in Chinese History*, Princeton, Princeton University Press, 1995.

communauté des analystes et praticiens de la stratégie aux États-Unis lorsque ces principes semblent perdre de leur pertinence intemporelle face au phénomène des « nouvelles guerres », des années 1960 aux années 2000. Nous conclurons enfin en avançant quelques hypothèses sur le paradoxe que constitue la stabilité des neuf principes originels de la guerre dans la doctrine américaine, alors même que celle-ci, de Dennis Hart Mahan à Andrew Marshall, est censée refléter, non pas le réalisme tragique que manifestent les cultures stratégiques européenne et chinoise, mais bien au contraire un prisme techno-optimiste, moins préoccupé de principes permanents que de procédés changeants, structurés par l'innovation et l'adaptation permanente aux effets des nouvelles armes.

L'inclusion des principes de la guerre dans la doctrine militaire américaine : l'ombre portée d'une culture profondément jominienne

Lorsque l'armée américaine débarque sur le continent européen en 1917, elle peut lire dans les yeux de ses alliés français et britannique que sa culture militaire est encore incomplète. De fait, et bien qu'elle ait connu avec la Sécession la première guerre véritablement industrielle de l'histoire, l'US Army a ensuite subi un processus relatif de désapprentissage, ce que Hittle nomme « les noires années de régression militaire qui suivirent la guerre civile »[13]. Tant les *Sammies* que leur état-major manquent d'entraînement en comparaison des troupes et des cadres anglais et surtout français, aguerris par trois longues années de conflit et, pour ces derniers, par la nécessité de coordonner un effort interallié commun sur un front gigantesque. Passés dans le creuset de l'enfer de Verdun, ayant réussi à marche forcée une colossale révolution culturelle stratégique et technique, les Français se font instructeurs au profit des hommes de Pershing[14]. Néanmoins, de l'échec de Saint Mihiel (avril 1918) au succès du Bois de Belleau (mai-juillet 1918), et après une première phase de mise en condition, l'esprit opérationnel offensif des Américains va rapidement conquérir l'estime de leurs alliés comme de leurs adversaires sur le plan de la manœuvre tactique ou de l'esprit guerrier (le « moral »). En revanche, la structuration doctrinale, malgré les acquis lointains de la Sécession, reste en-deçà des développements stratégiques théoriques

13 J. D. Hittle, « Introduction » à Jomini, *Summary of the Art of War*, Harrisburg, Military Publishing Co., 1958, p.27, cité dans B. Colson, *La culture stratégique américaine*, *op. cit.*, p.176.

14 Michel Goya, *La chair et l'acier. L'armée française et l'invention de la guerre moderne, 1914-1918*, Paris, Tallandier, 2004. Voir aussi Bruno Cabanes, *Les Américains dans la Grande Guerre*, Paris, Gallimard, 2017. Sur le processus de *mentoring* de l'armée américaine par l'armée française durant la Grande Guerre, voir les circonstances de création de l'*Army Air Service* à partir de l'expérience binationale de l'escadrille Lafayette.

que les Écoles d'état-major française, anglaise et allemande affinent depuis le milieu du XIXe siècle.

Non que les Américains ne possédassent alors une vision très claire de l'utilité de « principes » à respecter pour parvenir au succès sur le champ de bataille. Leur culture stratégique, marquée par l'influence de Jomini depuis la fondation de l'académie militaire de West Point, les portait de fait à une quête de l'excellence militaire exprimée en termes rationnels et scientifiques. Comme l'ont bien montré John Alger, Russell Glenn ou Bruno Colson[15], la tradition militaire américaine du XIXe siècle comporte donc un très riche héritage[16]. Force est cependant de constater que ses références ont toujours été empruntées au référentiel guerrier européen, souvent français ou allemand[17].

La victoire de 1918 acquise, les Américains, soucieux de conserver et de transmettre le retour d'expérience du conflit, s'inspirent donc « naturellement » des travaux théoriques des Français et surtout des Britanniques. En 1918, les Anglais, recherchant une meilleure rationalisation doctrinale, mettent précisément la dernière main à une codification de « principes de la guerre », envisagés en tant que critères axiaux valables pour tout conflit armé, et dont l'assimilation-réflexe permettrait d'orienter l'action du stratège en lui évitant les fautes les plus graves. L'action du colonel britannique J. F. C. Fuller (1878-1966) sera ici centrale. En 1916, cet officier novateur et iconoclaste publie un article fondateur sur lequel l'armée britannique va s'appuyer en 1920 pour adopter une liste de huit principes de la guerre dans ses *Field Service Regulations*[18]. Les Américains prennent rapidement connaissance de cette avancée doctrinale et décident de l'adapter. C'est en 1921 que les principes sont intégrés officiellement pour la première fois dans le règlement doctrinal américain TR 10-5. Assortis d'une définition lapidaire, ils sont au nombre de neuf: Objectif, Offensive, Masse, Économie des forces,

15 John I. Alger, *The Quest For Victory: The History Of The Principles Of War*. Westport, Greenwood, 1982; Bruno Colson, *La culture stratégique américaine*, 1993, *op. cit*; Russell W. Glenn, « No More Principles of War? », *Parameters*, vol.28, n° 1, 1998.

16 On pourrait avancer qu'en 1919, au moment des négociations de Versailles, les Américains étaient d'ailleurs mieux armés sur le plan du savoir-faire militaire que des compétences diplomatiques, comme en témoigne la mise sur pieds chaotique de *The Inquiry*, le *think-tank* politico-diplomatique accompagnant le président Wilson à Paris.

17 La Première Guerre mondiale est donc le dernier grand moment d'un transfert référentiel militaire orienté Est-Ouest, avant que les États-Unis ne parviennent au premier rang mondial de puissance militaire en 1945. C'est seulement après cette date que ce mouvement général de transfert culturel doctrinal s'inversera: le soleil se levant désormais à l'Ouest, les Européens, passés du statut de maîtres à celui d'imitateurs, dépendront à leur tour presque entièrement des développements théoriques américains en matière militaire.

18 J.F.C. Fuller, « The Principles of War, with Reference to the Campaigns of 1914-1915 », *The Journal of the Royal United Service Institution*, vol.61, n°441, 1916, p.1-40. Voir également: *British Field Service Regulations*, 1920.

Mouvement, Surprise, Sûreté, Simplicité et Coopération. L'inspiration de Fuller est bien directe. Seul le principe de *simplicité* a été ajouté par les Américains, mais cet ajout suffit à montrer que ce ne fut pas là une transposition servile, ni même, d'ailleurs, dénuée d'antécédences théoriques propres, et il faut ici souligner ce dernier aspect, qui est crucial.

Il y avait en effet de nombreuses années que la mention de « principes » apparaissait dans ce que Bruno Colson appelle la « proto-doctrine » de l'armée américaine, soumise depuis 1817 à l'influence de « l'Exposé » de Jomini traduit par le capitaine J. M. O'Connor sous la forme de listes de recettes opérationnelles[19]. Même si l'impulsion aboutissant en 1921 à une liste de principes officielle fut bien britannique – et indirectement française, la lecture des *Principes de la guerre* de Foch publiés en 1903 étant avérée au Royaume-Uni avant la Grande Guerre – les Américains allaient d'autant plus facilement adopter cette synthèse et l'assimiler à leur propre doctrine qu'ils étaient déjà préparés culturellement à la logique conceptuelle qu'elle impliquait en raison de la prédominance, dans leur culture stratégique théorique, de l'influence de Jomini. « Les listes de principes, souligne Colson, fournissent un outil de planification, de gestion, de commandement et de contrôle [et] permettent une meilleure intégration des nouvelles composantes matérielles issues de la révolution industrielle »[20]. Selon lui, « (...) il y eut une véritable convergence entre la pensée d'un homme épris de rationalisme (Jomini) et une société où [étaient] nés le taylorisme et le management »[21]. Cette affinité élective produite par la rencontre entre une pensée individuelle et une culture collective était favorisée par le pragmatisme managérial américain. Un Matthew F. Steele, chargé en 1907 du cours de « conduite de la guerre » à Fort Leavenworth, professait ainsi que la guerre pouvait être comparée à « une gigantesque affaire commerciale » (« *a gigantic business* »)[22]. La plupart des historiens de la doctrine militaire américaine s'accordent sur le fait que le *Traité des grandes opérations militaires* de Jomini, avec son « Exposé » final, ainsi que le *Précis de l'art de la guerre*, sont les ouvrages qui ont le plus profondément et surtout le

19 *Cf.* Kevin Dougherty, *Civil War Leadership and Mexican War Experience*, Univ. Press of Mississippi, 2007, p. 15. L'« Exposé des principes généraux sur lesquels l'art de la guerre repose », qui consiste en treize recommandations lapidaires, est la troisième et dernière version publiée d'un chapitre inclus à la suite des deux derniers tomes du *Traité des grandes opérations militaires* que Jomini, après bien des adaptations du texte initial, fit paraître en 1816. Voir Antoine-Henri Jomini, *Histoire critique et militaire des campagnes de la Révolution, faisant suite au Traité des grandes opérations militaires, t.7 et 8*, Paris, Magimel, Anselin et Pochard, 1816, p.iv.

20 Bruno Colson, *La culture stratégique américaine. L'influence de Jomini, op. cit.*, 1993, p.209.

21 *Ibid.*, p.224.

22 *Ibid*, p.184.

plus longuement modelé la culture stratégique américaine[23]. Les prescriptions de Jomini, que les fondateurs de l'enseignement de la stratégie aux États-Unis, de Dennis Hart Mahan à Duane, en passant par Armstrong ou Halleck, avaient toujours associées à la notion même de « principes », correspondaient par ailleurs à une autre pente de la culture stratégique américaine, celle d'une stricte séparation entre décideurs politiques et techniciens militaires. Pour Jomini, « le gouvernement ne devait pas intervenir dans le détail des opérations : c'était là le domaine réservé du général en chef qui, lui, connaissait les principes de la science de la guerre »[24]. Cette séparation est, encore aujourd'hui, l'une des caractéristiques les plus fortes de la culture militaire américaine.

« Nouvelles » guerres, nouveaux principes ?

Dans la deuxième moitié du XXe siècle, aux États-Unis comme ailleurs, la notion de « principes de la guerre » va néanmoins être confrontée au problème posé par le développement de ce que Lucien Poirier dénommera les « phénomènes de non-guerre ». Ceux-ci, enveloppés dans la notion nouvelle de « crise », renvoient en effet à des défis politico-stratégiques inédits : ceux de la dissuasion nucléaire mais aussi ceux des conflits infra-étatiques, qui ouvrent *ipso facto* des champs conceptuels nouveaux pour les études stratégiques. Les neuf principes sont-ils encore adaptés à cette donne nouvelle ? Pour certains analystes de la deuxième moitié du XXe siècle, la réponse sera très clairement négative. Dans une tribune significative publiée en 2005 par la *Heritage Foundation*, très favorable à la « Longue Guerre contre le terrorisme » de l'administration Bush, James Jay Carafano expliquera par exemple que les neuf principes sont inadaptés aux défis politiques des « nouvelles guerres », ces dernières étant désormais caractérisées selon lui par l'influence des technologies émergentes, l'intrusion du secteur privé dans les missions militaires traditionnelles et l'aptitude décroissante des États à allouer correctement leurs ressources productives à l'effort de guerre. La charge contre les principes de la guerre, « anachroniques et contreproductifs »[25], est menée de manière résolue :

> Beaucoup des changements potentiellement les plus disruptifs et dramatiques pour les futurs conflits peuvent être reliés, non pas à la manière

23 Antoine-Henri Jomini, *Précis de l'art de la guerre*, Paris, Ch.Tanera, 1855. Dans cet ouvrage se trouve la célèbre division de l'art de la guerre en six branches : politique de guerre, stratégie, grande tactique, logistique, art de l'ingénieur et tactique de détail.

24 Bruno Colson, *La culture stratégique américaine. op. cit.*, 1993, p.23.

25 James Jay Carafano, « Sustaining Military Capabilities in the 21st Century: Rethinking the Utility of the Principles of War », *Heritage Lectures*, n°896, 6 septembre 2005, p.7.

dont les batailles sont conduites, mais à la façon dont les instruments de la puissance sont actionnés par les acteurs étatiques et non étatiques. Ceci est une preuve supplémentaire, sans doute, que les principes devraient être considérés comme une relique de l'histoire, à reléguer dans le passé. S'il y eut jamais un âge durant lequel la pensée critique de la guerre pouvait être réduite à une simple liste de maximes, il est depuis longtemps révolu[26].

Néanmoins, les attaques visant la pertinence des principes, voire, comme ici, leur utilité pure et simple, n'ont pas commencé après le 11 septembre et la focalisation excessive de certains analystes de défense (tel Carafano) sur le paradigme des « guerres irrégulières ». Il est possible, selon nous, de distinguer schématiquement trois périodes de remise en question :

- La première est celle qui suit l'avènement de la dissuasion nucléaire dans le paysage stratégique, entre 1945 et les années 1960 ;
- La deuxième correspond à la période des guerres révolutionnaires et périphériques, des années 1960 à la fin de la guerre du Vietnam ;
- La troisième, peut-être la plus violente et argumentée, comporte deux courants : l'un commence dans les années 1980, avec la montée en puissance de la Révolution dans les affaires militaires (RAM), l'autre correspond au paradigme irrégulier accompagnant la séquence irako-afghane, de 2001 à aujourd'hui.

Nous n'insisterons pas outre mesure sur l'ère nucléaire. Elle a donné lieu à un bouleversement naturellement très profond des études stratégiques. L'historien John Keegan affirme ainsi en 1961 que les principes de la guerre, qui visent à l'obtention de la victoire totale, ne sont aucunement adaptés à la grammaire de la dissuasion, et plus généralement aux guerres entre États disposant d'armes nucléaires[27]. Notons néanmoins que, dans la mesure où l'atome inaugure une séparation de nature quasi ontologique entre stratégies d'action (« conventionnelles ») et stratégies de dissuasion (nucléaires et « non-conventionnelles » car absolument destructrices), la difficulté peut être contournée : puisqu'il est toujours possible de combattre militairement *sous* la voûte nucléaire, les principes peuvent toujours s'appliquer à l'âge atomique. C'est le cas durant la guerre de Corée.

La deuxième période approfondit ce débat en déplaçant la critique. La guerre du Vietnam bouleverse en effet – du moins en apparence – les cadres référentiels de la doctrine américaine, en mettant l'accent sur les conditions des luttes

26 *Ibid.*, p.1.
27 John D. Keegan, « On the Principles of War », *Military Review*, vol.41, n° 12, 1961, p.61.

contre-insurrectionnelles. La plupart des études sur le sujet, menées tant par des militaires que des civils, ne réclament certes pas la disparition des principes, mais elles souhaitent déjà adjoindre *du neuf aux neuf*, si l'on ose dire, c'est-à-dire compléter la liste originelle par de nouveaux principes, selon une logique cumulative. Herbert H. Wolff, en 1965, propose ainsi le principe nouveau du « soutien à la population ». En 1969, Josiah Wallace mentionne la « contre-insurrection » tandis que Roger Beaumont critique la liste des neuf en 1972 dans « *The Principles of War revisited* »[28]. Ce retour d'expérience opérationnel conduit à la première véritable révision du *Field Manual* 100-5, qui est décidée en 1976, un an après l'évacuation de Saïgon. À ce moment-là, suite à l'échec vietnamien, les militaires se voient accusés par certains d'avoir méconnu le caractère politique de l'opération et de s'être trop focalisés sur de simples critères opérationnels[29]. Les principes, relique historique critiquée, disparaissent purement et simplement du document[30].

La troisième période, celle de la « Révolution dans les affaires militaires » (RAM) des années 1980 et de la séquence irako-afghane de 2001 à nos jours, voit se mêler deux paradigmes appelant à un nouveau regard sur la conduite de la guerre. Le premier (celui de la RAM et de son appendice des années 2000, dénommé « *Transformation* »), est techno-orienté, et met l'accent sur la profonde modification de la nature de la guerre qu'entraîneraient l'échange instantané des informations et la notion de guerre réseau-centrée permise par la précision du *targeting* et la fusion entre « capteurs » et « effecteurs » sur le champ de bataille. En 1999, le travail de l'aviateur Robert B. Frost est un exemple des remises en question générées par ce premier paradigme[31]. S'appuyant sur les travaux de John Alger mais aussi sur ceux de Russell W. Glenn, qui avait complété la synthèse du premier, il propose un tableau historique de l'inclusion et de l'usage des principes dans les armées américaines, examine les conditions nouvelles de la guerre à l'orée des années 2000, pour conclure sur la nécessité d'une adaptation doctrinale. Sans vouloir remettre en cause l'existence même des principes (ainsi

28 Herbert E. Wolff, « 9 + 1 = 10 », *Infantry*, n° 55, mars-avril 1965. Josiah A. Wallace, « The Principles of War in Counterinsurgency », *Military Review*, n°46, décembre 1966. Roger A. Beaumont, « The Principles of War Revisited », *Military Review*, n°52, décembre 1972. On peut également citer l'analyse de John O. Shoemaker, « The Principles of War: Sense or Nonsense in the Cold War? », article non publié écrit pour the US Army War College, 22 avril 1966.

29 Sur l'ensemble de cette période et les débats doctrinaux et politiques autour de la notion d'irrégularité, voir Élie Tenenbaum, *Partisans et centurions, une histoire de la guerre irrégulière au 20e siècle*, Paris, Perrin, octobre 2018.

30 U.S. Department of the Army. *Field Service Regulation, FM 100-5 : Operations*, Washington D.C., U.S. Government Printing Office, 1976.

31 Robert S. Frost, *The Growing Imperative to Adopt « Flexibility » as an American Principle of War*, Strategic Studies Institute, U.S. Army War College, 15 octobre 1999.

qu'il y insiste lui-même en introduction), il n'en propose pas moins l'adlection dans la liste canonique d'un nouveau principe, celui de *flexibilité*. D'autres travaux ont précédé celui de Frost, comme ceux de Barry R. Schneider qui, dans « *Principles of War for the Battlefield of the Future* » voulait ajouter les principes de « simultanéité et d'attaque dans la profondeur », de « logistique », de « domination informationnelle » et de « ciblage de précision ». On peut également citer Edward Mann, lequel critique le principe de masse dans la *Military Review* de septembre 1993, ou Paul Katz, qui recommande en 1987 d'ajouter le principe de « comportement du soldat individuel »[32]. Le travail de Frost se détache cependant des autres productions du temps, en ce qu'il permet de saisir la diversité des critiques adressées aux neuf principes de la guerre au moment précis où la RAM se prolonge au travers du mouvement de *Transformation* impulsé au Pentagone par le secrétaire à la défense de la deuxième administration Bush, Donald Rumsfeld.

Durant cette troisième période, un deuxième paradigme critique se développe de manière simultanée. Il croit également diagnostiquer un changement de « nature » de la guerre, mais il diffère du schéma discursif de la RAM. Il se concentre en effet, non sur la technologie disponible, mais sur la question du centre de gravité des conflits, qui ne serait désormais plus la force militaire de l'adversaire, mais le soutien et l'adhésion de la population concernée par les opérations de stabilisation. Ce deuxième paradigme est en réalité un reflet d'anciennes préoccupations apparues au moment du Vietnam. Motivé par la conduite problématique de guerres dangereusement prolongées en Irak et en Afghanistan, ce deuxième « Vietnam théorique » voit le retour de la doctrine contre-insurrectionnelle (COIN), et la montée en puissance des concepts de « guerres de quatrième génération »[33], de « nouvelles guerres », de « guerres hybrides », ainsi qu'un intérêt extraordinaire porté à la notion - post-Vietnam elle aussi - de « conflits asymétriques ». Sur cette base conceptuelle, les propositions d'adaptation des principes de la guerre ne tardent pas. Parmi bien d'autres

32 Lawrence E. Grinter, Barry R. Schneider dir., *Battlefield of the Future: 21st Century Warfare Issues*, Air War College, 1995. Edward Mann, « One Target, One Bomb: Is the Principle of Mass Dead? », *Military Review*, septembre 1993, p.33-41. Paul Katz, « The Additional Principle of War », *Military Review*, June 1987, p.36-45. On peut ajouter à ces travaux d'autres remises en question, comme celle de Thomas B. Vaughn, « Morale: The 10th Principle of War? », *Military Review*, mai 1983, p.23-39.

33 William S. Lind, « Understanding Fourth Generation War », *Military Review*, vol.84, n° 5, 2004, p.12–16. Mary Kaldor, *New and Old Wars: Organized Violence in a Global Era*, Stanford, Stanford University Press, 2007. Andrew Mack, « Why Big Nations Lose Small Wars: The Politics of Asymmetric Conflict », *World Politics*, vol.27, 1975, p.175-200. Frank Hoffman, *Conflict in the 21st Century: The Rise of Hybrid Warfare*, Arlington, Potomac Institute for Policy Studies, December 2007.

spécialistes, Michael J. Artelli propose en 2008 une série de réflexions sur les principes de la guerre adaptés aux opérations « de quatrième génération », en recommandant l'adoption du nouveau principe de « perception de la population », retrouvant ainsi les mots que Wolff appliquait au Vietnam[34].

Pourtant, malgré toutes ces attaques dont certaines apparaissent supérieurement argumentées, la liste des principes va résister. Au vrai, elle présente même une remarquable longévité et – ce qui est encore plus surprenant – une réelle stabilité de *contenu*. Elle reste ainsi inchangée entre 1921 et 1928, année où elle disparaît pour réapparaître dans le FM 100-5 de 1939, réduite à sept principes ou « doctrines de combat »[35]. La liste classique à neuf entrées revient durablement entre 1949 et 1968, avec les termes de « manœuvre » et d'« unité de commandement » qui précisent sans les contredire les termes originaux de « mouvement » et de « coopération »[36]. Certes, l'éclipse des principes dans le FM 100-5 en 1976, au lendemain du Vietnam, doit être notée. Néanmoins, la résistance s'organise immédiatement dans la pensée militaire, qui obtient dès 1978 la réintroduction de la liste originelle dans le corpus doctrinal officiel. Depuis, aucun des neuf principes n'a disparu de la doctrine américaine.

Figure 1. Liste des neuf principes de la guerre de l'armée américaine (niveau interarmées) et définition associée.

Principe
Objectif
Offensive
Masse
Économie des forces
Mouvement
Surprise
Sûreté
Simplicité
Coopération

34 Michael J. Artelli et Richard F. Deckro, « Fourth generation operations: principles for the 'Long War' », *Small Wars & Insurgencies*, vol.19, n°2, 2008, p.221-237. Brian McAlister Linn fait remarquer avec justesse le nombre extrêmement important d'ouvrages majeurs (plus d'une dizaine) et d'articles (innombrables) consacrés au sujet de l'« American Way of War » entre 2006 et 2016. Voir Brian McAlister Linn, « The American Way of War in History and Politics », Lecture transcript, Gresham College, London, 12 janvier 2016, p.2. Parmi les articles en question, voir en particulier Jeffrey Record, « The American Way of War: Cultural Barriers to Successful Counterinsurgency », Cato Institute, 1er septembre , 2006.

35 US War Department, *Field Manual 100-5, Tentative Field Service Regulations, Operations*, Washington, GPO, octobre 1939, p.27-29.

36 Voir Russell Glenn, *op. cit.*, p.50-52.

Le seul événement faisant réellement bouger les lignes sera la création de principes spécifiques aux « Opérations militaires autres que la guerre » (*Military Operations Other Than War* ou MOOTW), concept introduit au début des années 1990 et se rapportant à des engagements visant à prévenir la guerre, à résoudre des situations de conflit, à promouvoir la paix et à soutenir des États confrontés à des crises intérieures La problématique soulevée par cet acronyme signifiant apparaît évidente : ce qui est en effet « autre que la guerre » peut-il, sans enfreindre le principe de non-contradiction, continuer à relever de, ou à se référer à des « principes de la guerre » ? Pour contourner la difficulté, la doctrine américaine procède à une série d'itérations successives. Dans la *Joint Doctrine for Military Operations Other Than War* du 16 juin 1995, préfacée par le général Shalikachvili, chef d'état-major de l'Army, une liste de six principes des MOOTW, séparée des principes de la guerre, est introduite officiellement : « objective », « unity of effort », « security », « restraint », « perseverance », et « legitimacy »[37]. Mais une fois de plus, les argumentaires critiques se multiplient pour dénoncer cette sécession doctrinale, au nom d'une unicité de l'action de force. Pour Richard Rinaldo :

> La distinction floue établie entre les principes de la guerre et ceux des MOOTW tend à suggérer l'indépendance alors qu'il s'agit en fait d'interdépendance, et la divergence alors que l'unité doit s'imposer. Dit plus subtilement, les MOOTW peuvent inclure des combats et donc exiger une attention aux principes de la guerre. Que le commandement doive appliquer deux ensembles de principes au cours de MOOTW qui impliquent des actions de combat peut donc s'avérer inutile.[38]

Ici, une remarque de contexte importante doit être faite. Au chapitre des remises en question nombreuses que nous venons de présenter, et qui s'échelonnent des années 1960 aux années 2010, il existe une différence entre les auteurs civils et militaires du point de vue des angles d'attaque. Les charges critiques des civils ont en effet généralement tendance à prôner une *tabula rasa*, un remplacement total de la liste des « neuf », tandis que les militaires, plus retenus, proposent le plus souvent *d'adapter* la vénérable liste de 1921 à l'aide d'un toilettage sémantique ou de l'adjonction de principes supplémentaires[39]. Même

37 Joint Chiefs of Staff, *Joint Publication 3-07, Joint Doctrine for Military Operations Other Than War (MOOTW)*, Washington, D.C., DoD, 1995, p.II.2.

38 Richard J. Rinaldo, « Warfighting and Peace Ops: Do Real Soldiers Do MOOTW? », *Joint Forces Quaterly*, Winter 1996-97, p.114.

39 Les travaux du lieutenant-colonel de l'*Army* Robert Leonhard, publiés en 1998, font exception en la matière. Voir Robert R. Leonhard, *The Principles of War for the Information Age*, Novato, Presidio Press, 1998.

la liste des principes des MOOTW témoigne de cette inertie : établie séparément, elle inclut néanmoins trois des neuf principes originaux. Cette *déférence référentielle* dénote un critère culturel important, de nature inconsciente, dont nous pouvons comprendre les fondements en opérant un détour par l'origine britannique des principes américains de la guerre. Remarquons en effet que, de 1919 à 1939, les évolutions doctrinales ont vu les différentes armées britanniques modifier elles aussi de manière plus ou moins importante la liste officielle des huit principes de la guerre britanniques consignés en 1920 dans le volume II du *Field Service Regulations* de l'armée de terre, à la suite des travaux de John F. C. Fuller. Au sortir de la Grande Guerre, les marins comme les aviateurs britanniques proposent ainsi une réinterprétation de ces principes, suivant les caractéristiques de leur propre milieu[40]. Dans un article récent, Alaric Searle suggère que, durant ces débats, l'interprétation générale des huit principes de Fuller aurait eu tendance à prendre un tournant plus interactionnel que matériel, en d'autres termes plus clausewitziens que purement jominiens, sous l'influence de la confrontation des arguments entre marins, terriens et aviateurs[41]. L'armée anglaise abandonnera d'ailleurs l'idée même de principes officiels de 1935 à 1945. Mais elle les reprendra très vite, et cette liste, comme celle de l'armée américaine, a elle aussi survécu jusqu'à nos jours.

La liste des principes promus par Fuller pendant et après la Grande Guerre offrait prise à la critique car elle était cumulative. Elle tendait à l'exhaustivité plus qu'à la parcimonie, en tenant compte des conditions nouvelles de la guerre industrielle, et Fuller lui-même écrivait qu'elle devrait être adaptée en fonction des conditions des futures guerres. Il n'en reste pas moins que l'esprit général de cette compilation apparaît simultanément marqué par la conscience d'une intemporalité structurelle des dynamiques gouvernant l'action de force. À présenter systématiquement Fuller comme le prophète des armes nouvelles, on oublie que l'essentiel de sa production intellectuelle a relevé du travail historique et de l'analyse du temps long. L'auteur de *The Reformation of War* – malgré l'impensé théologique du titre de cette œuvre – se considérait comme un continuateur plutôt qu'un refondateur[42]. Fuller, bien qu'analyste capacitaire des armes nouvelles et adepte de la méthode matérielle en stratégie, était sans doute moins dogmatique qu'on ne l'a dit à propos du lien déterministe entre progrès de l'armement d'une part et nature de la stratégie d'autre part. On oublie par ailleurs

40 Admiral Sir H. W. Richmond, « Principles of War, a Criticism », *Royal United Services Institution Journal*, vol.7, n° 496, 1929, p.714-720.

41 Alaric Searle, « Inter-service Debate and the Origins of Strategic Culture: The 'Principles of War' in the British Armed Forces, 1919–1939 », *War in History*, vol.21, n°1, 2013, p.16.

42 *Cf.* J. F. C. Fuller, *The Reformation of War*, London, Hutchinson and Cy, 1923.

souvent de rappeler que ses huit principes originels étaient destinés au niveau stratégique, et qu'une autre liste avait été réservée par lui au niveau tactique[43]. Par transposition, il nous semble que cet équilibre ancré dans les leçons de l'histoire militaire rejaillit sur les principes qu'il choisit et qui vont faire l'objet d'un transfert culturel chez les Américains. Loin de ne constituer qu'une suite de recettes opérationnelles contingentes, cette liste d'origine britannique est bien le résultat d'une synthèse conceptuelle duale entre aspects conjoncturels et intemporels de la stratégie. Cette particularité explique que les militaires soient généralement bien plus prudents vis-à-vis des principes originels que les réformateurs civils, peut-être plus portés aux procès en anachronisme. Par ailleurs, et comme on va le voir à présent, c'est précisément cette dualité qui fournit selon nous la clé de l'étonnante résilience des principes dans la doctrine américaine.

La stabilité des principes de la guerre américains : un paradoxe conservateur au sein d'une culture stratégique innovante

Revenons à notre questionnement de départ : pourquoi, confrontés à des attaques importantes et argumentées dans un cadre culturel valorisant l'innovation et l'adaptation, les principes de la guerre de la doctrine américaine ont-ils résisté jusqu'à nos jours ? Appuyés sur les éléments que nous avons synthétisés précédemment, nous poserons ici l'hypothèse que cette stabilité paradoxale s'explique de deux manières. L'une est culturelle, l'autre organisationnelle.

La variable de nature culturelle renvoie aux échecs stratégiques américains que sont, d'une part le Vietnam (1954-1975), d'autre part la séquence irako-afghane actuelle (depuis 2003). Dans les deux cas, ces guerres, labellisées comme « irrégulières », ont été comme on l'a vu accompagnées par une tentative de renouvellement de la stratégie classique : ainsi, les développements sur la guerre limitée et la contre-insurrection montent en puissance avant et pendant le Vietnam, tandis que la séquence irako-afghane voit se développer les concepts de nouvelles guerres, « en réseau » et « au milieu des populations »[44]. À chaque fois, nous l'avons rappelé, de nombreux analystes, civils comme militaires, s'appuyant sur le postulat d'un changement de la « nature » de la guerre, suggèrent une mise à jour plus ou moins drastique de la liste des neuf principes,

43 Jan Angstrom et J. J. Widen, *Modern Armed Forces and the Spread of the Idea of the Principles of War*, communication préparée pour la Annual Conference of the British International Studies Association à Manchester, 27–29 avril 2011, p.5.

44 Cf. Julian Borger et Richard Norton-Taylor, « US Generals Embrace New Kind of Warfare », *Guardian*, 22 mars 2003.

trop dépendants d'une vision « linéaire » et ancienne de la « bataille décisive ». Pourtant, le Vietnam comme l'actuelle séquence irako-afghane, placés sous l'égide de ces nouveaux concepts, n'en seront pas moins considérés comme des échecs politico-stratégiques. Et face à ces innovations doctrinales et conceptuelles finalement suivies d'un échec d'application pratique, la réaction sera à chaque fois la même : un discrédit du management « global » de l'action de force, une prise de recul par rapport aux *buzzwords* des « nouvelles guerres » et le retour subséquent à l'étude de la pensée militaire traditionnelle[45]. Or, on observe avec intérêt que ces phases post-conflit « irrégulier », marquées par ce que l'on pourrait appeler un *recueillement stratégique*, sont à chaque fois l'occasion de rappeler la valeur intemporelle des principes de la guerre[46]. Après le Vietnam, c'est le cas par exemple en 1981 dans « The Principles of War », un article du général Donn A. Starry, commandant le TRADOC (U.S. Army Training and Doctrine Command)[47]. Le texte aura (avec d'autres) une influence importante sur le plan politique – le sénateur Barry Goldwater le fait reproduire dans le *Congressional Record Senate* en septembre 1981 – mais encore plus fondamentalement au niveau doctrinal. Les éditions de 1982 et 1986 du FM 100-5, reliées à la montée en puissance de l'*Airland Battle* (véritable exorcisme doctrinal de l'échec vietnamien) rappelleront en effet la valeur culturelle des neuf principes en termes non ambigus : « Les neuf principes de la guerre (...), peut-on y lire, fournissent des conseils généraux, éternels, pour la conduite de la guerre aux niveaux stratégique opérationnel et tactique. Ils sont le fondement durable de la doctrine de l'armée américaine »[48]. L'actuelle séquence irako-afghane donne à voir le même mécanisme de constat d'échec[49] et de recueillement stratégique, qui a tendance à favoriser un « retour » à la boussole éprouvée des principes de base de la culture militaire[50].

45 Voir par exemple James H. Willbanks, « Winning the Battle, Losing the War », *New York Times*, 5 mars 2008. Également : Anthony H. Cordesman, « Telling the Truth About the War in Afghanistan », CSIS Report, 12 septembre 2018.

46 Le terme de « recueillement » est ici employé en référence à une période précise de l'histoire française : de 1871 à 1879, la France, étudiant les leçons de la guerre perdue de 1870-71, se replie sur une diplomatie défensive et cherche à comprendre les racines de son échec.

47 Donn A. Starry, « The Principles of War », *Military Review*, n°61, septembre 1981.

48 FM 100-5, mai 1986, p.22. Sur cette période de retour aux fondamentaux dans l'armée américaine, voir James Kitfield, *Prodigal Soldiers : How the Generation of Officers Born of Vietnam Revolutionized the American Style of War*, Washington, D.C., Brassey's, 1995.

49 Daniel P. Bolger, *Why We Lost: A General's Inside Account of the Iraq and Afghanistan Wars*, Boston/New York, Eamon Dolan Book/Houghton Mifflin Harcourt, 2014

50 Voir par exemple l'étude du colonel Ian Hope, qui dénonce le non-respect du principe d'« unité de commandement » en Afghanistan : Colonel Ian Hope, « Unity of Command in Afghanistan: A Forsaken Principle of War », *Carlisle Papers in Security Strategy*, 7 novembre 2008. Remarquons que le même mouvement se retrouve en France, c'est-à-dire dans une culture stratégique bien différente de celle des États-Unis. Le 20 janvier 2011, en plein moment de doute sur la nature

La deuxième variable expliquant la résilience de la liste des neuf principes est selon nous de nature organisationnelle. Les logiques corporatistes de concurrence budgétaire entre *services* (Army, Navy, Air Force, USMC) ont en effet eu tendance, tout au long de la deuxième moitié du XXe siècle, et également au tournant du XXIe, à déboucher sur un double mouvement simultané de *fragmentation* et de *dilution* de la notion de « *Principes of War* ». D'une part, marins, terriens et aviateurs ont pu *fragmenter* le postulat d'*universalité* des principes en cédant à la tentation d'adopter chacun leur propre liste, brandissant la « singularité » (forcément non-substituable) de leur milieu stratégique propre[51]. Mais, au chapitre des options possibles, ils ont également pu *diluer* le postulat d'*intemporalité* des principes : il suffisait pour cela de conserver la liste totémique des neuf, en lui adjoignant des principes nouveaux. En définitive, c'est cette seconde option homéopathique de dilution qui va s'imposer, de préférence à l'option de remplacement total ou de fragmentation. Dans la doctrine interarmées américaine la plus récente, laquelle s'applique à tous les *services*, les neuf principes sont ainsi mentionnés, tout en étant « complétés ». La *Joint Publication* 03, dans sa version de février 2017, précise qu'elle les « reconnaît »[52], même si elle précise que « l'expérience acquise dans une variété de situations guerrières irrégulières a renforcé la valeur de trois principes additionnels : retenue, persévérance et légitimité (...) [Avec les neuf principes traditionnels], conclut le texte, ils forment les 12 principes des opérations interarmées (« *Joint operations* ») »[53].

Il y a là un processus de compromis intéressant à retenir pour l'argument général du présent article. C'est ici, en effet, que le critère organisationnel complète la logique culturelle. La tendance américaine à transposer la destruction créatrice schumpétérienne au domaine doctrinal implique qu'à des défis techno-spécifiques correspondent de nouveaux procédés, et que de « nouvelles » guerres entraînent donc de nouveaux principes. Or, dans le cas présent, cette

des opérations de contre-insurrection menées en Afghanistan, le Collège interarmées de défense (CID), qui forme les officiers supérieurs des trois armées et de la gendarmerie aux fonctions d'état-major de planification et de conduite, revient aux fondamentaux et reprend très significativement son titre historique d'« École de guerre ».

51 Voir par exemple E. J. Kingston-McCloughry, *War in three dimensions : the impact of Airpower upon the Classical Principles of War*, London, Routledge, 1949. Si l'idée récente de création d'une « sixième armée » spatiale survit à l'administration Trump, il sera particulièrement intéressant d'observer si la théorie des compétences implicites s'appliquera à la production conceptuelle propre de cette nouvelle entité, avec le développement de réflexions doctrinales accordées au milieu extra-atmosphérique. L'apparition – ou non – de « principes de la guerre spatiale » serait dès lors un marqueur intéressant pour l'analyse. Sur cette question, voir Joan Johnson-Freese, *Space Warfare in the 21st Century. Arming the Heaven*, New York, Routledge, 2017.

52 Voir Joint Chiefs of Staff, Joint Publication 3-0, *Joint Operations, Revised Edition*, US Department of Defense, 17 janvier 2017, p.ix.

53 *Ibid.*, p.I-A.

tendance s'est en réalité trouvée adoucie ou relativisée par une logique plus conservatrice, de type bureaucratique, obéissant à l'impératif catégorique fonctionnel du *Joint* (l'articulation interarmées). Celle-ci impliquait la préservation d'une grammaire commune minimale, malgré les guérillas doctrinales et budgétaires inter-services. De ce croisement entre mouvement et conservation a résulté ce que Robert Frost qualifie de « synergie doctrinale jamais vue auparavant »[54]. Il n'est certainement pas fortuit, bien que ceci n'ait pas vraiment été remarqué à notre connaissance, que la consécration du retour des principes dans la doctrine américaine, sous l'influence de la doctrine *Airland Battle* (éditions 1982 et 1986 du FM 100-5) soit très exactement contemporaine du Goldwater-Nichols Act de 1986, dont le titre 10 fait du chef d'état-major des armées (*Chairman of the Joint Chiefs of Staff*, CJCS) le responsable du développement de la doctrine « pour l'emploi interarmées des forces armées »[55]. En termes organisationnels, le retour des neuf principes de la guerre dans le FM 100-5 de l'*Army* va ainsi accompagner la montée en puissance du niveau de coordination interarmées aux États-Unis, lequel va les inclure dans la *Joint Publication* 03[56]. On remarquera néanmoins que cette montée en puissance du niveau interarmées aurait tout aussi bien pu produire une liste inédite de principes adaptés aux défis de la « jointness ». En 1995, une étude du Strategic Studies Institute rattaché à l'US Army War College ne proposait-elle pas une liste de principes de la guerre du niveau « stratégique », considérant que certains d'entre eux pourraient se *substituer* à quelques-uns des neuf principes de la guerre, surtout valables aux niveaux opératif et tactique[57] ? Or, de manière tout à fait surprenante au premier abord, ce n'est pas une logique de cette nature qui s'impose : les neuf principes résistent bien dans leur intégralité, et la JP 03, qui fait autorité au niveau interarmées, consacre fermement leur utilité à *tous les niveaux* de l'action de force (tactique, opératif, stratégique), en leur adjoignant simplement trois principes « additionnels » destinés à se concilier (symboliquement ?) les anciens tenants des MOOTW, alors même que l'idée qui faisait de ces dernières une réalité séparée de la guerre a été abandonnée dans les faits.

54 Robert S. Frost, *op. cit.*, 1999, p.11.

55 *Cf. Goldwater-Nichols Department of Defense Reorganization Act of 1986*, Public Law 99-433, 99th Congress, Section 201 « Revised Functions of Chairman ; establishment of Vice Chairman », §153 : « Chairman : Functions ».

56 Sur ce moment particulier du développement doctrinal de l'*Army*, voir John L. Romjue, *From Active Defense to AirLand Battle : The Development of Army Doctrine, 1973–1982*, Fort Monroe, Historical Office, U.S. Army Training and Doctrine Command, 1984.

57 Dans cette étude, *offensive* est ainsi remplacé par *initiative*, *unité de commandement* par *unité d'effort*, *masse* par « *focus* », *économie des forces* par *économie des efforts*, *manœuvre* par *orchestration*, *simplicité* par *clarté*, tandis que *surprise* et *sûreté* sont laissés inchangés.

Que s'est-il produit ? Il faut admettre, nous semble-t-il, que la surprenante résilience des neuf principes dans la doctrine américaine postérieure au Goldwater-Nichols Act s'explique certes *conceptuellement*: ils offrent un amer rassurant dans le cadre des controverses intellectuelles post-guerre froide entre « mouvement » et « conservation » d'une part, techno-centrisme et irrégularité d'autre part. Mais cette résilience s'explique aussi et surtout *bureaucratiquement*, dans le cadre parallèle d'autres arbitrages organisationnels entre *services* et niveau *joint*. Reflets du style opérationnel américain, sanctifiés par leur filiation jominienne, les neuf principes offraient ainsi un *double* espace de conciliation symbolique. Ils convenaient tout à fait pour cette catalyse, puisqu'en eux se fondaient deux courants d'interprétation du fait-guerre: d'une part la dimension, rationnelle et « managériale » correspondant à l'ambition instrumentale de remporter la bataille (aspect technicien, offensif et logistique que l'on trouve effectivement chez l'auteur du *Précis*) ; mais aussi la dimension plus intemporelle d'une dialectique complexe des volontés. C'est ici l'*autre* Jomini, celui qui décrit la guerre comme « un drame terrible et passionné », ouvrant de ce fait sur les aspects interactionnels propres aux travaux de son contemporain Clausewitz[58]. Cette dualité, on l'a rappelé, se trouvait déjà dans la liste des principes de Fuller. Synthèse de la culture doctrinale américaine, ayant survécu à 70 ans de remises en cause conceptuelles, valables pour la stratégie comme la tactique, les *Principles of War* offraient donc bien un point de convergence minimale utile pour un niveau interarmées désireux d'imposer sa légitimité à des marins, terriens et aviateurs engagés dans le jeu à somme nulle des batailles doctrinales et budgétaires du Pentagone.

Pour autant, cet espace référentiel partagé, même justifié à un premier niveau de manière *fonctionnelle* (la reconnaissance et l'usage d'une grammaire minimale commune facilitant l'intégration interarmées) n'aurait sans doute pu résister sur le long terme aux remises en question permanente des « réformistes » (qu'ils soient technologues ou adeptes de la séparation entre paradigme régulier et irrégulier) si les principes n'avaient pas également été justifiés à un deuxième niveau, culturel celui-là, en tant que l'un des marqueurs de *l'identité stratégique* américaine. Justifiés fonctionnellement *et* culturellement, sanctuarisés par leur origine jominienne reconnue, les neuf principes, relique totémique de la tradition stratégique la plus ancienne, deviennent finalement *tabous* – et intouchables – à partir du moment où la doctrine interarmée de l'armée la plus moderne du

58 Antoine-Henri Jomini, *Précis de l'art de la guerre ou Nouveau Tableau analytique des principales combinaisons de la stratégie, de la grande tactique et de la politique militaire*, édition définitive, [1855], Paris, Champ Libre, 1977, p.390.

monde les consacre comme une part de son identité militaire propre : elle les « reconnaît », selon l'expression sacro-sanctifiante utilisée dans la JP 03, et déjà citée. Pour cette double raison, et au terme de cette analyse, il nous semble possible d'admettre que leur présence au cœur de la doctrine militaire américaine profite, au sens wébérien, d'une double légitimité, à la fois traditionnelle et légale-rationnelle. Et malgré les procès récurrents en « anachronisme » qui leur sont faits, ce double ancrage laisse penser que les neuf principes ne seront probablement plus jamais remis en question.

☑

Bibliographie

Documents et discours officiels

Goldwater-Nichols Department of Defense Reorganization Act of 1986, Public Law 99-433, 99th Congress, Section 201 « Revised Functions of Chairman ; establishment of Vice Chairman », §153 : « Chairman : Functions ».

JOINT CHIEFS OF STAFF, *Joint Publication 3-0, Joint Operations, Revised Edition*, US Department of Defense, 17 janvier 2017.

U.S. DEPARTMENT OF THE ARMY. *Field Service Regulation, FM 100-5 : Operations*, Washington D.C., U.S. Government Printing Office, 1976.

Ouvrages

Alger, John I., *The Quest For Victory: The History Of The Principles Of War*, Westport, Greenwood, 1982.

Colson, Bruno, *La culture stratégique américaine. L'influence de Jomini*, Paris, Economica, 1993.

Frost, Robert S., *The Growing Imperative to Adopt « Flexibility » as an American Principle of War*, Strategic Studies Institute, U.S. Army War College, 15 octobre 1999.

Patton, George S., *The War as I Knew It*, Boston (Mass), Houghton Mifflin, 1947.

Weigley, Russell F., *The American Way of War: A History of United States Military Strategy and Policy*, New York, Macmillan Publishing, 1973.

Johnson-Freese, Joan, *Space Warfare in the 21st Century. Arming the Heaven*, New York, Routledge, 2017.

Articles

Angstrom, Jan et Widen, J. J., « Adopting a Recipe for Success: Modern Armed Forces and the Institutionalization of the Principles of War », *Comparative Strategy*, vol.3, n°3, 2012, p.263-285.

Fuller, J.F.C., « The Principles of War, with Reference to the Campaigns of 1914–1915 », *The Journal of the Royal United Service Institution*, vol.61, n°441, 1916, p.1–40.

Gray, Colin S., « National Style in Strategy: The American Example », *International Security*, vol.6, n °2, Autumn 1981, p.21-47.

Gray, Colin S., « Irregular Enemies and the Essence of Strategy: Can the American Way of War Adapt? », Carlisle, Strategic Studies Institute, U.S. Army War College, 2006.

Keegan, John D., « On the Principles of War », *Military Review*, vol.41, n° 12, décembre 1961, p.61-72.

Mann, Edward, « One Target, One Bomb: Is the Principle of Mass Dead? », *Military Review*, n°73, septembre 1993, p.33-41.

Richmond, H. W., « Principles of War, a Criticism », *Royal United Services Institution Journal*, vol.7, n° 496, 1929.

Searle, Alaric, « Inter-service Debate and the Origins of Strategic Culture: The 'Principles of War' in the British Armed Forces, 1919–1939 », *War in History*, vol.21, n°1, 2013.

Vaughn, Thomas B., « Morale: The 10th Principle of War? », *Military Review*, n°63, Mai 1983.

Wallace, Josiah A., « The Principles of War in Counterinsurgency », *Military Review*, n°46, décembre 1966.

Compte-rendu d'ouvrages*

DAVID MAYHEW, **THE IMPRINT OF CONGRESS**, Yale University Press, 2017, 167 p. avec index.

NEDA MAGHBOULEH, **THE LIMITS OF WHITENESS: IRANIAN AMERICANS AND THE EVERYDAY POLITICS OF RACE**, Stanford University Press, 2017, 248 p.

* Cette rubrique est réalisée sous la direction d'Alix Meyer (Université de Bourgogne).

The Imprint of Congress

David Mayhew

Yale University Press, 2017, 167 p. avec index.

Les ouvrages consacrés au Congrès des États-Unis tendent souvent à se montrer aussi solennels et ventripotents que certains membres des deux assemblées qui le compose. Avec *The Imprint of Congress*, David Mayhew démontre que ce sujet n'impose aucunement de telles contraintes de style. Spécialiste incontesté de l'institution et référence incontournable de la science politique américaine, le professeur Mayhew délivre dans ce petit ouvrage un condensé revigorant de science, de réflexion et de bon sens. Avec une écriture limpide, chirurgicale et souvent pleine de malice, il passe en revue près de deux siècles et demi d'histoire politique pour tenter de décrire quelle empreinte le Congrès des États-Unis a laissé dans la vie politique américaine.

L'introduction et le premier chapitre de l'ouvrage expliquent cette démarche tout à fait originale. Pour éviter les sempiternels débats déclinistes autour du manque de productivité, de popularité et de représentativité du plus méprisé des trois pouvoirs, le professeur Mayhew a choisi une approche très empirique. Il part du principe selon lequel, à travers l'histoire, la plupart des pays donnent certaines « impulsions » à leur histoire. Le choix du terme « *impulses* » est légitimé (p. 12-13) par le fait que ce sont des phénomènes transnationaux que différentes sociétés prennent à bras le corps dans une période comparable. En ce qui concerne l'histoire américaine, Mayhew en dénombre treize, de la construction d'une nation aux réponses face au changement climatique. Outre le fait qu'elle permet de sortir des périodisations sclérosées (p. 17), cette division en termes d'impulsions transnationales permet d'évaluer la performance du politique américain dans une perspective comparatiste. Il s'agit d'une dimension essentielle car l'objectif poursuivi n'est autre que de considérer l'efficacité relative du système de freins et contrepoids conçu par James Madison et les membres de la convention constitutionnelle.

En étudiant la performance du système politique par rapport à ses pairs, David Mayhew cherche à mesurer la part de responsabilité qui incombe spécifiquement au Congrès. C'est le sens même de la métaphore de l'empreinte du Congrès, l'impact distinctif et profond de cette institution sur l'histoire américaine. Pour en dessiner les contours, les cinq chapitres se consacrent chacun à l'étude de deux ou trois de ces « impulsions » qui marquent l'histoire occidentale en décrivant avec une économie magistrale l'influence respective du président et du Congrès sur les événements.

À l'issue de ce tour de force, un chapitre de conclusion vient présenter les enseignements qui en découlent. Pour David Mayhew, l'apport incontestable du Congrès est à trouver dans sa capacité de légitimation du système politique. Lieu de rencontres des divers intérêts qui composent la mosaique américaine, il permet aux préférences de s'exprimer et aux tensions de se résoudre soit par l'action, soit par l'inaction. Si sa nature multiple peut parfois donner lieu à une pusillanimité débilitante face aux élans héroïques de la Maison Blanche, il doit aussi être vu comme une ancre qui évite au navire de dériver. Peu importe que la manière soit souvent brouillone (ce que David Mayhew décrit comme « messiness », 108) puisque les résultats sont souvent meilleurs, ou au moins aussi efficaces, que ceux que peut offrir une bureaucratie ultra-rationnelle administrée par un gouvernement libéré de contrepouvoirs.

En s'intéressant au temps long et en ouvrant la focale sur les autres pays, David Mayhew parvient donc à s'élever au dessus des débats en vase clos sur les nombreuses lacunes du Congrès. Contrairement à d'autres ouvrages qui cherchent à le « défendre » (Fisher, 2011[1]), Mayhew semble plus intéressé à rendre compte de la manière dont ses failles font sa vertu. On peut ainsi se demander si l'impopularité du Congrès n'est pas simplement le prix que l'institution paye pour légitimer l'édifice constitutionnel. Plus généralement, l'ouvrage parvient à susciter une multitude de questions et réflexions originales au détour de chaque paragraphe. Mayhew guide le lecteur à travers les décennies pour lui présenter la substantifique moelle de chaque épisode et la manière dont il convient de voir la part que le Congrès a pu y prendre. Étudiant ou spécialiste, chaque lecteur éprouvera un immense plaisir à partager sa compagnie et profiter de l'aubaine pour aller explorer l'une des pistes que David Mayhew aura esquissée.

ALIX MEYER

....

1 Fisher, L. (2011) *Defending Congress and the Constitution*. Lawrence Kan.: University Press of Kansas.

The Limits of Whiteness: Iranian Americans and the Everyday Politics of Race

Neda Maghbouleh

Stanford University Press, 2017, 248 p.

L'Iran fait couler beaucoup d'encre aux États-Unis et a occupé, ces derniers mois, une place de choix dans les tweets[2] et décrets présidentiels[3]. Toutefois, les Irano-Américains intéressent peu la communauté scientifique. Comme les autres minorités rassemblées sous l'acronyme MENA[4] (Middle East and Northern Africa), s'ils sont frappés d'« hypervisibilité » dans la culture populaire à travers des représentations stéréotypées, des discours à charge, des pratiques discriminatoires, voire des crimes de haine[5], ils restent invisibles dans la taxinomie institutionnelle des catégories ethno-raciales parce qu'ils sont censés cocher la case « blancs ». Par ailleurs, les *Iranian Americans* s'illustrent par leur quasi-absence de la littérature qui investigue les parcours immigrés, car, ne présentant pas de problèmes d'intégration économique, ils n'attirent pas l'œil des chercheurs.

C'est ce statut de « visibly invisible group » que questionne Neda Maghbouleh, sociologue à l'université de Toronto, dans *The Limits of Whiteness: Iranian Americans and the Everyday Politics of Race*. Plus précisément, son ouvrage, tiré d'une thèse préparée à l'Université de Californie à Santa Barbara, explore, dans la tradition de l'enquête ethnographique, les expériences au quotidien de cet entre-deux identitaire : comment cohabitent l'appartenance officielle à une catégorie épidermique, qui a historiquement bénéficié de privilèges, et le renvoi, dans les interactions ordinaires, à une altérité jugée antagoniste, inassimilable et indésirable ?

2 Austin Ramzy, « Trump Threatens Iran on Twitter, Warning Rouhani of 'Dire Consequences' », *New York Times*, 22 juillet 2018.

3 Comme le très controversé décret intitulé « Protecting the Nation from Foreign Terrorist Entry into the United States » communément appelé « travel ban » ou « Muslim ban » qui durcit les conditions d'entrée et interdit aux ressortissants de six pays (Iran, Syrie, Libye, Yémen, Somalie et Corée du Nord) de se rendre de manière permanente aux États-Unis. Entré en vigueur le 27 janvier 2017 (*executive order* 13769), soit une semaine après la prise de fonction de Donald Trump, suspendu par des juges fédéraux, puis modifié à trois reprises, le texte a finalement été entériné par la Cour suprême le 26 juin 2018.

4 Depuis plus de trente ans, des associations militent pour que la présence des Moyen-Orientaux et des Nord-Africains soit rendue statistiquement visible. Alors qu'il avait été question qu'une case « MENA » soit ajoutée au recensement décennal de 2020 parmi les options d'auto-identification ethnique ou raciale, le projet a été annulé en janvier 2018 (Wagner, 2018).

5 Bakalian et Bozorgmehr, 2009 ; Cainkar, 2009 ; Tehranian, 2009.

Le terme de « race » suscite toujours un malaise en français. Aux États-Unis, il se réfère à un outil de mesure et d'analyse statistiques, et, en tant que construit, il caractérise une manière de s'auto-identifier et de percevoir les autres.

La plupart des travaux s'étant penchés sur le lien entre « mélanine » et migrations ont examiné comment les nouveaux-venus « deviennent » blancs[6] ou non-blancs. Des études récentes ont ausculté les processus plus complexes de groupes qui occupent des espaces intermédiaires, tels les Latinos. Dans cette veine, Maghbouleh démontre que la « blancheur », protéiforme, peut être labile et révocable. Les « limites » sondées décrivent l'impasse identitaire dans laquelle les Iraniens des États-Unis se trouvent, ainsi que les mécanismes d'inclusion/exclusion, qui peuvent s'opérer derrière le vocable « blanc ».

Après un chapitre introductif qui fait office de mise au point sémantique et théorique sur la notion de « race », le livre offre une incursion dans le passé particulièrement éclairante. Maghbouleh nous y apprend, entre autres, que les Iraniens ont été aux prises avec un statut dermique problématique avant d'être présents aux États-Unis – bien avant que de ne constituer, dans les années 1970, le groupe démographique le plus important d'étudiants étrangers dans les universités américaines. En effet, au début du 20e siècle, ils ont été utilisés dans les argumentaires des batailles juridiques livrées par des immigrés briguant la « blanchitude » afin d'accéder à la citoyenneté ou à la propriété. Alors que les Arméniens et les Syriens, par exemple, ont pu gagner le statut de Blancs en se distinguant des « adorateurs de feu » perses, les demandeurs originaires d'Asie du sud ont, quant à eux, souligné leur proximité avec les Iraniens pour prouver leurs origines indo-européennes. De même, ironie de l'histoire, l'arrivée de la première grande vague d'exilés iraniens de la « Révolution islamique » a été marquée par deux événements discordants. Quelques mois après l'intégration officielle des Moyen-Orientaux dans la catégorie « blanche » du recensement, la première crise majeure irano-américaine a éclaté, avec la prise des otages de l'ambassade américaine à Téhéran (1979-1981), ouvrant la voie, aux États-Unis, à une série de manifestations et de mesures dont la rhétorique anti-iranienne a contaminé les médias, les fictions et l'opinion.

Les parties suivantes de l'ouvrage se lisent comme une pérégrination à travers différents sites où l'identité des Irano-Américains est rendue trouble : un quartier résidentiel, l'école, la famille, l'aéroport, le voyage au pays d'origine et un camp de vacances pour jeunes diasporiques. Si ce choix sériel

....

6 Ignatiev, 1995 ; Roediger, 1991.

peut sembler répétitif car la démonstration devient presque mécanique, la qualité principale de ce travail tient à la richesse des témoignages recueillis. La proximité que l'auteure instaure avec ses 84 jeunes enquêtés lui donne accès à une réalité organique du sujet. Elle parvient ainsi à décrire les transformations à la fois intimes et sociales que connaissent les immigrés de deuxième génération, quand se mêlent, à des discours anti-immigration, les tensions de l'histoire et une politique étrangère belliqueuse.

Anouche Der Sarkissian

Abstracts

Maya Kandel – the United States and the Future of the Atlantic Alliance

In American history, the major milestones of the U.S. foreign policy often reflected deeper changes in the relation of the United States towards Europe, more specifically they reflected an evolution in the transatlantic balance of power. The main long-term change for U.S. global standing occurred throughout the Second World War : the transatlantic relation, in its contemporary understanding, borne out of the institutional order linking the United States to many European countries, also emerged during that era with the creation of NATO in 1949 – a military organization created to address the Soviet threat. This simple fact is worth remembering as it explains why, despite multiple internal crises throughout the four decades of its existence, the challenges NATO has faced since the end of the cold war are more profound. Although NATO has had ups and downs, it now faces a major crisis of unprecedented scope as evidenced by the ways U.S. President Donald J. Trump has characterized the organization as "obsolete". The main challenge today relates to two enduring issues: U.S. reluctance to comply with the constraints of an alliance such as NATO (in particular due to the provisions of Article 5) and divisions among European countries. In fact, both issues have been exacerbating each other since the end of the cold war. In this context, the current crisis in the transatlantic relationship is of grave concern due to the fact that the American president drives its escalation, through his open skepticism on the value of NATO but also his rhetorical attacks aiming at the European Union and its member states. Moreover, the crisis is worrisome as it evolves while NATO and the European Union both face simultaneous institutional crises.

Hugo Meijer – Asia-Pacific in the American Strategic Debate. Obama, Trump, and the Rise of China

In light of the growing importance of Asia-Pacific in the American strategic debate, this article seeks to shed light on the main patterns of continuity and change between the Obama and Trump administrations' policies in the region and, in particular, vis-à-vis China's rise. To do so, it proposes a structured comparison of the main components of U.S. defense policy in the Asia-Pacific under the two presidencies: their threat perceptions of China; the ensuing policy objectives; and the ways in which these objectives shaped the (re) definition of U.S. regional alliances and defense cooperation agreements as well as the military-technological capabilities deployed in the Asia-Pacific. To that end, the article draws on a wide range of primary sources including seventy-five semi-structured interviews with senior U.S. officials. What emerges from this analysis is that, beyond electoral slogans and the vagaries of "twitter diplomacy", the Trump administration's defense policy in the Asia-Pacific is part of a long-term cumulative evolution rather than a radical departure from previous policies.

Corentin Brustlein – American Nuclear deterrence in a context of strategic competition

As soon as he became President, Donald Trump tasked the U.S. Department of Defense to conduct a review of the nuclear posture. While the Obama Administration had initially laid ambitious plans in favor of nuclear disarmament, from 2014 on it ended up strengthening the U.S. deterrence posture and modernizing the nuclear forces as tensions increased with Russia, China and North Korea. Despite Donald Trump's initial statements, the 2018 *Nuclear Posture Review* reflects more continuity than change, while preparing U.S. deterrence policy for an era of renewed strategic competition between great powers. These new doctrinal orientations not only reaffirm the role of nuclear weapons in U.S. strategy, but embrace again the view that military superiority is the main way to ensure U.S. national security.

Elie Tenenbaum – The US and the Challenge of Irregular Warfare

Irregular warfare is a form of conflict that keeps haunting the United States' grand strategy and defense policy in spite of its efforts to avoid it. The 9/11 attacks and subsequent military operations in Afghanistan, Iraq and elsewhere opened a new "irregular cycle". It witnessed a renewal of counter-insurgency doctrine – abandoned since the Vietnam War – that reached its highpoint at the end of the second term of George W. Bush. The arrival of Barak Obama inaugurated an ebb in irregular warfare, attested by the attempt to withdraw from Iraq and Afghanistan, and to build up partner capacity, deemed more fit to deal with these complex conflicts. However, this security architecture canvas collapsed, shaken by the Arab Spring uprisings, the jihadi renewal and the "hybrid" strategies of Russia, China and Iran. To these challenges, the Trump administration's answer balanced between a pulling out rhetoric and an actual policy of doubling down.

Olivier Zajec – The Origins of an Autonomous American Cultural Strategy Through the Prism of 'Principles of War' and their Doctrinal Development

The strategic culture of the United States, deeply influenced by Jomini more than by any other theoretician, has led it to develop a specific vision of the "principles of war", revealing its singular approach to operations and the use of force in international relations. In December 1921, Americans adopted in TR 10-5 a first official list of nine principles: Objective, Economy of Forces, Offensive, Maneuver, Unity of Command, Security, Mass, Surprise and Simplicity. Those principles were enthusiastically adopted, probably because such a standardized list fell in line with a scientific management of operations. Subsequently, from the Cold War era to the last operations in Afghanistan, this approach was criticized and questioned by influential civilian strategists and US officers. Yet, in a century, the list was paradoxically never changed. Returning to these debates, from 1918 to today, this article offers a rereading of this paradox, by examining the strategic culture of the United States, and a doctrinal legacy with which the US military is preparing to face the operational challenges of an uncertain twenty-first century.

Derniers numéros parus :

2018

- N° 32 : *Égalité et mobilité sociale aux États-Unis : La « recherche du bonheur » est-elle confisquée ?*
- N° 31 : *Trump, la gouvernance du chaos ?*
- N° 30 : *Variations américaines.*

2017

- N° 29 : *Le Parti républicain à la croisée des chemins.*

2016

- N° 28 : *Les nouvelles formes de mobilisations raciales aus États-Unis.*
- N° 27 : *La féminisation de la politique aux États-Unis.*

2015

- N° 26 : *Le rapprochement États-Unis - Iran Enjeux et limites.*
- N° 25 : *L'Amérique du Nord, versant sud.*

2014

- N° 24 : *Sécurité et libertés. Une perpective transatlantique.*
- N° 23 : *Laïcités comparées entre les États-Unis et l'Europe.*

2013

- N° 22 : *Les défis de la relation transatlantique.*
- N° 21 : *L'hispanisation de la société américaine.*

2012

- N° 20 : *Les conservateurs et le travail.*
- N° 19 : *La puissance américaine à l'épreuve.*

2010

- N° 18 : *Nouveaux regards sur la politique américaine au Moyen-Orient.*
- N° 17 : *Défense, diplomatie et développement de l'action extérieure.*
- N° 16 : *Les élections de mi-mandat 2010 : chronique d'une défaite annoncée ?*

2009

- N° 15 : *L'éducation, enjeu d'avenir pour l'Amérique.*
- N° 14 : *Les réformes d'Obama, quel bilan ?*
- N° 13 : *L'avenir de l'alliance euro-américaine.*

Politique américaine

Bulletin d'abonnement
ou de
réabonnement

M, Mme, Mlle Prénom

Société/Institution

N° Rue

Code postal ville

Pays

Adresse électronique

	France	Autres pays
1 an (2 numéros)	46 €	54 €

Je souscris un abonnement pour ☐1 an

À partir du numéro

Date Signature/Cachet

Paiement par chèque à l'ordre de

Éditions L'Harmattan

5-7, rue de l'École polytechnique ; 75005 Paris

Bulletin d'abonnement ou de réabonnement

Recommandations aux auteurs

Le comité de rédaction de la revue est ouvert à toute proposition d'article.

Les auteurs sont priés de respecter les lignes directrices suivantes quand ils préparent leurs manuscrits :

- Les articles ne doivent pas dépasser 40 000 signes (espaces compris, mais pas les notes de bas de page) Une bibliographie de 15-20 références est nécessaire.
- Deux résumés, l'un en français, de 10 lignes maximum et un autre, en anglais, de la même importance, doivent être fournis avec le manuscrit, accompagnés de la qualité et des dernières publications de l'auteur.
- Les auteurs feront parvenir leur article par Internet directement aux rédacteurs en chef : fdechantal@univ-paris-diderot.fr pour la politique intérieure, et adehoopscheffer@gmfus.org pour la politique étrangère.
- Tous les tableaux, graphiques, diagrammes et cartes doivent porter un titre, indiquer la source et être numérotés.

Toutes les figures doivent être transmises en fichiers séparés d'une résolution suffisante (idéal 300 dpi) et en niveaux de gris. Leurs emplacements doivent être clairement indiqués dans le texte.

- Préférer le plus souvent les notes de bas de page aux notes de fin.
- Une attention particulière devra être portée à la ponctuation : guillemets français, majuscules accentuées (État, À partir de, Égypte, etc.) et à un usage modéré des majuscules conformément aux règles typographiques.

Référence : Collectif, Lexique des règles typographiques en usage à l'imprimerie nationale, Imprimerie Nationale, Paris, 2002.

Modèles de références bibliographiques :

Matthew D. McCubbins, Thomas Schwartz, « Congressional Oversight Overlooked: Police Patrols versus Fire Alarms », *American Journal of Political Science*, vol. 28, n°1, février 1984, p. 165-179.

Andrew Rudalevige, « Obama et le Congrès, un chantier inachevé », p. 289-316 in *Le bilan d'Obama*, Olivier Richomme, Vincent Michelot, dir., Paris, Presses de Sciences-Po, 2012.

Stephen Skowronek, *The Politics Presidents Make. Leadership from John Adams to Bill Clinton*, Cambridge, Mass., Harvard University Press, 1993.

La rédaction s'engage à communiquer sa réponse dans les plus brefs délais. Par ailleurs, elle est susceptible de demander aux auteurs des modifications ou des précisions.

L'envoi d'une contribution implique l'acceptation par l'auteur des conditions de la publication, dans la revue et en ligne, des éditions L'Harmattan.

Structures éditoriales du groupe L'Harmattan

L'Harmattan Italie
Via degli Artisti, 15
10124 Torino
harmattan.italia@gmail.com

L'Harmattan Hongrie
Kossuth l. u. 14-16.
1053 Budapest
harmattan@harmattan.hu

L'Harmattan Sénégal
10 VDN en face Mermoz
BP 45034 Dakar-Fann
senharmattan@gmail.com

L'Harmattan Cameroun
TSINGA/FECAFOOT
BP 11486 Yaoundé
inkoukam@gmail.com

L'Harmattan Burkina Faso
Achille Somé – tengnule@hotmail.fr

L'Harmattan Guinée
Almamya, rue KA 028 OKB Agency
BP 3470 Conakry
harmattanguinee@yahoo.fr

L'Harmattan RDC
185, avenue Nyangwe
Commune de Lingwala – Kinshasa
matangilamusadila@yahoo.fr

L'Harmattan Congo
67, boulevard Denis-Sassou-N'Guesso
BP 2874 Brazzaville
harmattan.congo@yahoo.fr

L'Harmattan Mali
Sirakoro-Meguetana V31
Bamako
syllaka@yahoo.fr

L'Harmattan Togo
Djidjole – Lomé
Maison Amela
face EPP BATOME
ddamela@aol.com

L'Harmattan Côte d'Ivoire
Résidence Karl – Cité des Arts
Abidjan-Cocody
03 BP 1588 Abidjan
espace_harmattan.ci@hotmail.fr

L'Harmattan Algérie
22, rue Moulay-Mohamed
31000 Oran
info2@harmattan-algerie.com

L'Harmattan Maroc
5, rue Ferrane-Kouicha, Talaâ-Elkbira
Chrableyine, Fès-Médine
30000 Fès
harmattan.maroc@gmail.com

Nos librairies en France

Librairie internationale
16, rue des Écoles – 75005 Paris
librairie.internationale@harmattan.fr
01 40 46 79 11
www.librairieharmattan.com

Lib. sciences humaines & histoire
21, rue des Écoles – 75005 Paris
librairie.sh@harmattan.fr
01 46 34 13 71
www.librairieharmattansh.com

Librairie l'Espace Harmattan
21 bis, rue des Écoles – 75005 Paris
librairie.espace@harmattan.fr
01 43 29 49 42

Lib. Méditerranée & Moyen-Orient
7, rue des Carmes – 75005 Paris
librairie.mediterranee@harmattan.fr
01 43 29 71 15

Librairie Le Lucernaire
53, rue Notre-Dame-des-Champs – 75006 Paris
librairie@lucernaire.fr
01 42 22 67 13

www.ingramcontent.com/pod-product-compliance
Lightning Source LLC
LaVergne TN
LVHW021229061026
849535LV00008B/2988